Institut Universitaire de Technologie
LITTORAL CÔTE D'OPALE

GEA
CALAIS

# Causes volontaires (et dénominations) des paiements

**Clotaire MOULOUNGUI,**
Maître de conférences en Droit

Didactijuris@yahoo.com

ISBN : 978-2-487740-03-7
EAN : 9782487740037

**Du même auteur**

*L'admissibilité du profit dans la subrogation*, LGDJ, 1995, 326 pages

*Notions fondamentales du droit*, L'Harmattan, 2001, 208 pages

*La solidarité familiale*, L'Harmattan, 2004, 250 pages

*Tenues de travail et management des organisations*, L'Harmattan, 2006, 212 pages

*La dégradation du climat social par le sous-effectif dû au personnel*, Didactijuris, préf. Jean-Yves KERBOURC'H 2024, 388 pages.

*Responsabilités et Indemnités en matière d'Absentéisme*, Didactijuris, 2024, 230 pages.

*La question de la légitimité des absences au travail et ailleurs*, Didactijuris, 2024, 314 pages.

*Méfaits et Bienfaits de l'Absentéisme*, Didactijuris, 2024, 233 pages.

*L'absentéisme dans les formations*, préf. Catherine COUTURIER, Didactijuris, 2025, 273 pages.

*Création ou gestion des entreprises et droit,* préf. Denis POHÉ-TOKPA, Didactijuris, 289 pages.

*L'assiduité au travail et des leviers coercitifs*, préf. Marc RICHEVAUX, Didactijuris 2025, 514 pages

*La délinquance juvénile en 2025*, préf. Valeriu M. CIUCA, Didactijuris, 2025, 120 pages.

*La bienfaisance préjudiciable à l'employeur*, préf. Komlan Alemawo, Didactijuris, 2025, 163 pages.

## Introduction aux causes volontaires (et dénominations) des paiements.

1. – Presque tous les échanges économiques se fondent sur la monnaie : le franc ; l'euro ; le dollar ; la livre sterling ; le dinar ; le dirham ; etc. Une monnaie qui, aujourd'hui, revêt une forme fiduciaire (des billets et/ou des pièces) à 10 % ; et une forme scripturale (des virements) à 90 %. Dans cette seconde catégorie où la monnaie résulte d'un écrit privé, l'on rangera aussi le chèque, la lettre de change (ou traite) et le billet à ordre. De ces trois, seul le chèque est (était) utilisé par les particuliers. Le paiement par voie électronique est plébiscité par les populations, malgré les risques de pannes mécaniques et des piratages ([1]).

2. – Pour l'entreprise, comme pour toute personne physique ou morale, devoir payer une somme d'argent se justifie de plusieurs façons possibles. D'abord, il peut s'agir pour le solvens (l'auteur du paiement) de rembourser une somme autrefois reçue (de celui à qui payer : l'accipiens). Une somme reçue à l'occasion d'un contrat de prêt ou d'un contrat de dépôt (ou de séquestre). D'un autre côté, le versement à autrui peut simplement traduire la volonté du solvens de s'acquitter du prix d'un produit ou d'une prestation de service dont il aura bénéficié à l'occasion d'un contrat de vente, ou d'un contrat de

---

1) Pourquoi devrait-on hésiter à embrasser (à choisir) les paiements électroniques ? S'il y avait à choisir, les gens préféreraient-ils être accipiens ou plutôt solvens ? D'où proviennent les termes accipiens et solvens ? Comment le droit romain appelait-il l'individu percevant le paiement ? Comment le droit romain appelait-il l'individu effectuant le paiement ?

location, etc. Les termes solvens et accipiens ici utilisés nous proviennent du droit romain (la Rome antique) ([2]).

3. – Dans les hypothèses ci-dessus, l'accipiens (le bénéficiaire du paiement) et le solvens (l'auteur du paiement) auront préalablement été liés par une convention qu'ils auront librement conclue. Il s'agit en clair d'un contrat. À l'inverse, dans d'autres hypothèses, il n'y aura pas eu d'entente contractuelle préalable. De sorte que le solvens n'aura pas auparavant négocié la dette à assumer. En l'absence de contrat, la somme en cause lui aura donc été imposée. En pareille occurrence, le débiteur (le solvens) subit l'obligation ; relativement à son montant, et relativement à son principe même ([3]).

4. – De tout ce qui précède, il découle que l'étude des sources (des causes, des motifs, des raisons) des obligations de payer (un accipiens, c'est-à-dire un accipiens) oriente vers deux directions. Dans la première, les sommes payables auront été convenues entre le solvens et l'accipiens. Les paiements seront donc fondés sur des obligations contractuelles. Seconde direction : les paiements en question reposeront sur des obligations extracontractuelles ; puisque les sommes concernées ne résulteront point d'un contrat. En d'autres termes, elles auront ici été imposées au solvens, en faveur de l'accipiens. Les lignes qui suivent se limitent aux paiements volontaires.

---

2) Dans quels deux contrats, après un certain temps, une somme d'argent doit être rendue à celui qui l'avait initialement remise ? Dans quels deux contrats, par exemple, le solvens aura bénéficié (ou bénéficiera) d'un avantage ?

3) Dans quelle variété d'obligation le solvens n'a presque point de pouvoir (de voix au chapitre) quant au principe et au montant de sa dette ? Si l'on pouvait choisir, faudrait-il opter pour une obligation contractuelle ou plutôt pour une obligation extracontractuelle ? Pourquoi l'obligation contractuelle semble-t-elle préférable à l'obligation extracontractuelle ?

## Causes volontaires (et dénominations) des paiements

5. – De fait, la personne qui, en payant, dégarnit son patrimoine au profit du patrimoine d'une autre personne obéit généralement à une obligation souscrite envers ce bénéficiaire. C'est donc une obligation contractuelle, ou obligation conventionnelle. La somme d'argent alors déboursée (ou à débourser) est la contrepartie d'un avantage (Partie 1). Encore que, dans beaucoup d'autres hypothèses, le paiement fait à autrui soit indépendant de toute contrepartie préalable (Partie 2) ([4]).

---

4) Est-il vrai ou faux de soutenir que tout appauvrissement à l'occasion d'un contrat s'accompagne d'un enrichissement ?

# Partie 1. – Les paiements pour un avantage évident.

6. – La somme d'argent payée à une personne représente généralement la contrepartie d'un bien, d'une prestation de service, ou encore celle d'une mise à disposition de force de travail ; c'est une sorte de prix (Chapitre 1). Toutefois, les contreprestations en question ne sont pas forcément simultanées. En effet, aux côtés des paiements concomitants, il coexiste tant des paiements différés que des paiements d'avance. Les cas de paiements d'avance posent quelquefois des difficultés, puisque selon leur qualification juridique d'acomptes ou d'arrhes, leurs conséquences apparaissent différents (Chapitre 2) ([5]).

## Chapitre 1. – Les paiements d'opérations marchandes.

7. – Le prix est ce que nous coûte l'obtention d'un bien ou d'un service. En pur droit, des dénominations précises sont recommandées au gré des contrats en cause (A.). Par ailleurs, des appellations spécifiques existent pour le prix de l'activité professionnelle des travailleurs (B.).

### Section 1. – Le paiement d'un bien ou d'un service obtenu

#### *§ 1. – Le paiement des factures en argent ou en nature*

Les appellations de la facture à payer

8. – En France, le type de contrat le plus fréquent est le contrat de vente. Il est parfois dit contrat d'achat-vente ou encore la vente. Dans ce contrat, contre sa chose, le vendeur espère de l'acheteur une somme d'argent qualifiée de prix. En général, l'industriel ou fabricant vend à un grossiste (ou à une centrale

---

5) D'un point de vue temporel (moment de survenue), quels sont les trois types de paiements ?

d'achats). Le grossiste revend à son tour à des détaillants, lesquels traitent enfin avec les consommateurs finals (ou finaux). Ces derniers acquièrent quelques unités du produit, alors que les premiers (les grossistes) s'en procurent des milliers d'exemplaires. Il en aura ainsi été pendant longtemps, avant que le commerce physique subisse aujourd'hui la forte concurrence des sites Internet de ventes ([6]).

9. – En toutes hypothèses, le vendeur présente sa facture au paiement du client dans la foulée ; à moins qu'il la lui envoie par la suite seulement. En cas de paiement partiel au fournisseur, la somme restant à payer pour éteindre complètement la dette est le solde. C'est ainsi que solder une dette (ou une facture) revient à l'acquitter entièrement. Au lieu de parler de facture, il est plutôt question de note à l'hôtel, et d'addition au restaurant ([7]).

10. – Dans les relations entre un professionnel et un particulier, la délivrance de ce descriptif des produits ou des prestations de service, ainsi que de leur prix (c'est-à-dire la facture), devient une obligation légale dès que la somme en jeu atteint 25 €. En vérité, si le partenaire économique est un autre professionnel, il lui faudra une facture dès le premier euro de transaction. Certes, à la Caisse du Supermarché, plusieurs clients déclinent la réception (et donc l'édition) d'une facture.

---

6) Quelles sont les trois façons possible de qualifier l'opération économique où, contre sa chose une personne attend d'une seconde une certaine somme d'argent ?

7) La formule « solde de tout compte » signifie-t-elle que la dette reste intacte, ou plutôt qu'elle est désormais éteinte (parce que payée) ? Comment s'appelle la facture délivrée par un restaurateur (un restaurant) ? Quelle dénomination reçoit la facture éditée par un hôtelier (un hôtel) ?

En fait, ils ont le droit d'en exiger, mais pas l'obligation d'en recevoir (8).

11. – À partir de septembre 2026, la facture aura cessé d'être sur un papier, pour devenir électronique. Ce qui suppose à l'avenir que tous les professionnels soient informatisés (au moins un ordinateur) et soient détenteurs d'une connexion Internet. Or il existe quelques déserts numériques dans le pays. Les PME n'y seront astreintes qu'une année plus tard (septembre 2027). Le suivi de la collecte et du reversement honnête de la TVA par les professionnels en sera probablement facilitée au Trésor Public (la DGFiP) (9).

12. – Le défaut de facture expose le professionnel à une amende de 75000€ au profit du Trésor public ; et non pas du client privé de facture, auquel cas il serait question de dommages-intérêts. Mais, à l'issue d'un procès ; étant entendu que cette somme est le maximum exigible, le juge pouvant la réduire drastiquement, peut-être à quelques dizaines d'euros. Si, dans les deux ans de la condamnation, une récidive est constatée, alors la sanction encourue devient le double (150.000 €) (10).

13. – Ces montants de l'amende concernent seulement une entreprise individuelle. Car ils sont quintuplés (150.000 euros et 750.000 €) à l'encontre d'une entreprise collective, une

---

8) A partir de quel montant le professionnel doit-il éditer une facture ? Dans quel contexte (où par exemple) le professionnel se trouve dispenser de son obligation d'édition d'une facture ?

9) Quand les PME devront-elles passer (obligatoirement) à la facture électronique ? Quels deux obstacles au moins s'élèveront contre la facture électronique ?

10) Qui perçoit le montant d'une amende lorsqu'un client est victime d'un professionnel ? La récidive dans le défaut d'édition de factures expose-t-elle à une amende de 75.000 € ou plutôt de 150.000 € ? En matière de défaut d'édition de facture, quand ne peut-on plus parler de récidive à l'encontre du professionnel ?

société telle une S.A., une SARL, etc. Les amendes des individus représentent ainsi (en général) le cinquième des amendes d'une personne morale. Se mettre à plusieurs pour constituer une entreprise fait peut-être profiter de synergies (l'union fait la force), mais la sanction possible augmente ([11]).

L'accipiens et le solvens, la monnaie, l'appoint

14. – Depuis le droit romain, la personne qui vient s'acquitter d'une dette porte le nom de solvens, tandis que celle qui reçoit la somme d'argent en question s'appelle l'accipiens. Or, le solvens (le payeur) ne fait pas toujours l'appoint. En effet, il remet parfois une somme supérieure à celle nécessaire à l'extinction de sa dette. Par conséquent, l'espace d'un instant, ce solvens devient à son tour le créancier d'un trop-perçu. Un trop-perçu qui doit naturellement lui être rétrocédé. Par exemple, si l'acheteur doit payer 50 € et qu'il remet un billet de 200 € au vendeur, il devient automatiquement créancier de la somme de 150 € ([12]).

15. – La différence entre le montant initialement dû par le solvens et la somme trop élevée qu'il aura versé s'appelle la monnaie. L'accipiens rendra ainsi donc la monnaie au solvens. En fait, une telle nécessité de rembourser ne résulte pas toujours d'un contrat préalable entre eux. Effectivement, parfois il manque de rapport contractuel entre l'accipiens et le solvens. En

---

11) Pourquoi l'entrepreneur dont l'entreprise condamnée à une amende regrettera-t-il son choix d'une société plurale plutôt que d'une entreprise individuelle ? Quand (ou à l'encontre de qui) l'amende est-elle généralement quintuplée ? Une société anonyme a-t-elle la même amende qu'un individu, ou bien celle-ci est-elle doublée, ou quintuplée ?

12) Quand arrive-t-il que le débiteur (le solvens) venu payer sa dette se transforme (pour quelques instants peut-être) en un créancier (un accipiens) ? Faire l'appoint permet-il un paiement exact, un trop-perçu ou bien un moins-perçu ? Qu'aura manqué de faire le débiteur qui aura remis une somme supérieure à celle nécessaire à l'extinction de sa dette ?

l'hypothèse, le paiement viendra conclure une relation extracontractuelle (par exemple des dommages-intérêts pour délits), ou viendra conclure une relation quasi-contractuelle ([13]).

16. – Le Code civil prévoit trois situations constitutives de quasi-contrats. Ce ne sont pas des délits ou bien des contrats. Ce sont presque des contrats ; on parle de quasi-contrats. Il s'agit de : la gestion d'affaires (d'autrui sans mandat) ; l'enrichissement injustifié (enrichissement sans cause, jusqu'en 2016) ; et la restitution de l'indu (la répétition de l'indu, jusqu'en 2016). C'est dans cette dernière que l'on se retrouve presque toujours en présence d'une obligation de restituer un trop-perçu. Par exemple, une personne a bénéficié du versement d'une allocation à laquelle elle n'avait pas droit. La somme ainsi indument perçue doit être remboursée. Pour les juristes (juges, profs de droit, avocats, notaires, etc.) rembourser c'est répéter. D'où l'expression (encore régulièrement utilisée de répétition de l'indu) pour dire restitution de l'indu ([14]).

La soulte au copartageant ou au coéchangiste

17. – La soulte est une dette d'argent susceptible de se rencontrer lors d'un contrat d'échange ou lors d'une opération de partage. L'hypothèse est que l'un des copartageants ou que l'un des coéchangistes (ou copermutants) aura reçu un bien de valeur inférieure à celle du bien reçu par son partenaire. Par

---

13) Qu'est une relation juridique si elle n'est pas contractuelle ? Quand l'accipiens rend-il la monnaie au solvens ?

14) Quels quasi-contrats ont vu leur dénomination modifiée en 2016 ? Dans quel quasi-contrat rencontre-t-on souvent la notion de trop-perçu ? Quels sont les trois sortes de quasi-contrats ?

exemple, une villa de 200 000 euros pour le premier, et un terrain de 150 000 euros pour le second ([15]).

18. – Dans l'exemple ci-dessus, si les villas avaient été vendues pour que le prix soit réparti entre les deux copartageants, elles auraient rapporté 350 000 euros ; et chacun aurait reçu 175 000 euros. Or ici, l'un aura une villa supérieure à cette somme, tandis que la villa de l'autre se révèlera inférieure à ladite somme. Encore une fois, le coéchangiste ou le copartageant dont l'avantage patrimonial est supérieur doit reverser à son partenaire une somme lui permettant d'atteindre l'égalité entre eux. C'est cette somme compensatoire (à rajouter) que l'on appelle la soulte. Dans notre exemple, elle s'élèvera à 25 000 euros (c'est-à-dire 175 000 euros – 150 000 euros) ([16]).

19. – Si chacun des copartageants ou de coéchangistes voulait absolument recevoir la part destinée à l'autre, et s'il n'y a pas de motif légitime de choisir l'un plutôt que l'autre comme bénéficiaire, l'on procède à une vente. De la sorte, un partage indiscutablement égalitaire se fera alors sur le prix obtenu. Les motifs habituels de l'attribution préférentielle de la chose disputée sont que le copartageant demandeur l'avait déjà depuis un certain temps, et que la vente semblera injuste ou inopportune. C'est le cas pour une maison d'habitation servant déjà de logement principal au demandeur, ou pour une entreprise familiale qu'il (co)dirigeait déjà ([17]).

---

15) Par quels termes le droit désigne-t-il les deux parties à un échange (de biens) ? Quel est le synonyme de copermutant ? Qui doit verser une soulte ?

16) Au moyen de quelle somme les copartageants ou les coéchangistes se retrouvent-ils enfin dans une situation patrimoniale égalitaire ? Par quel moyen le moins-perçu d'un copartageant ou d'un coéchangiste se trouvera-t-il finalement compensé ?

17) Quel est le moyen radical à utiliser lorsque les copartageants ou les coéchangistes ne s'accordent pas sur le bien que chacun recevra ? Pourquoi

20. – Des procès surviennent parfois en cas de paiement différé de la soulte. Car la différence entre les biens peut changer dans l'intervalle ; un changement à la hausse ou à la baisse. Par exemple, dans une affaire, trois enfants (Gérard, Eliane et Élisabeth) avaient été bénéficiaires d'un partage anticipé d'héritage (ou partage d'ascendant). Tout compte fait, le frère devait à ses sœurs 548,82 euros par action de la société exploitant la marque « Roquefort Papillon ». Or, avant l'époque du paiement de la soulte, il aura réussi à céder l'ensemble des actions au prix de 1.517,29 euros chacune ([18]).

21. – Dans cette affaire, il y avait apparemment une lésion dans le partage ; une lésion au détriment des sœurs, lesquelles semblent en effet avoir moins reçu que logiquement prévisible. Dès lors, le frère pouvait-il conserver cet enrichissement, ou devait-il plutôt payer davantage à ses sœurs ? Les juges auront maintenu le montant de la soulte, sans revalorisation. Car, il fallait savoir distinguer valeur d'un bien et prix de ce bien. En l'occurrence, le cessionnaire s'était astreint à payer le prix fort en vue de prendre le contrôle complet de la société. Ce cessionnaire aura pris à sa charge les aléas des transactions commerciales (Civ., 1ère, 11 septembre 2013). La solution jurisprudentielle aurait sans doute été différente si c'était la valeur du bien qui avait changé. Du reste, en matière de partage, la lésion financière à prendre en considération est celle qui dépasse le quart, c'est-à-dire 25 % d'une telle valeur ([19]).

---

(dans quel cas) un copartageant pourrait-il recevoir lui plutôt qu'un autre un certain bien ?

18) Quel est le risque économique susceptible de survenir lorsque la soulte n'est pas payée immédiatement ? Comment appelle-t-on un partage anticipé de l'héritage par un parent lui-même, de son vivant ?

19) Que répondra normalement le juge au copartageant dont la lésion subie lors du partage n'atteindrait pas : 5 % ; ou 15 % ; ou 25 % ; ou 50 % ; ou

Le rapport à la succession et la récompense à la communauté.

22. – Dans le même ordre d'idées, le droit patrimonial de la famille offre les concepts de rapport à la succession et de récompense à la communauté conjugale. Dans le premier cas, il s'agit pour l'un des cohéritiers, lequel aurait déjà beaucoup reçu des parents décédés, de rapporter (au moins fictivement) les valeurs reçues d'avance. Lors du partage, il lui sera alors moins donné ; de façon que le principe d'égalité entre les héritiers soit respecté. Égalité, puisque la Révolution de 1789 a supprimé le privilège de masculinité (supériorité de l'homme) et le privilège de primogéniture (davantage à l'aîné des enfants) ([20]).

23. – Le montant de l'héritage à partager découle des richesses trouvées lors du décès, auxquels l'on rajoute (fictivement) les libéralités (les dons, legs et donations) faites par le défunt. Voilà pourquoi leur rapport à la succession est attendu de l'héritier qui aurait déjà beaucoup reçu du *''de cujus''* (le parent dont l'héritage est partage). Un rapport (une restitution) seulement pour le surplus ; c'est-à-dire pour la portion que ce défunt ne pouvait valablement lui donner ([21]).

24. – En France, il est impossible de déshériter un enfant. Même ceux nés hors mariage bénéficient d'une considération légale

---

75 % ? Pour apprécier la lésion entre enfants bénéficiaires d'un partage d'ascendant, le juge doit-il tenir compte de la valeur réelle du bien disputé ou plutôt du prix auquel il aura finalement été vendu par l'héritier ?

20) Depuis quand les sœurs (les femmes) héritent-elles une part égale à celle de leurs frères ? Qui bénéficiait autrefois du privilège de primogéniture ? Lors du partage de l'héritage d'un parent, qu'est-il attendu de l'enfant qui avait déjà beaucoup reçu de ce parent ?

21) Une personne dont les enfants sont désinvoltes ou ingrats a-t-elle le droit de les déshériter au profit d'une association caritative par exemple ? Sous quel terme générique le droit regroupe-t-il les donations et les legs ? Quel mot de la devise française est voulu en matière de rapport des libéralités (à la succession) ?

identique. En clair, l'on n'a pas le droit de faire ce que l'on veut de sa fortune lorsque l'on a des enfants. Concrètement, le parent qui a deux enfants n'a le droit de disposer librement (de donner, gratuitement) que le tiers de ses richesses. Car chacun des enfants aura forcément (au moins) un tiers de ce patrimoine. S'il a trois enfants (ou bien plus), sa quotité disponible descend au quart (25 %) seulement de sa propre richesse. En revanche, ce parent a le droit de dilapider la moitié de sa richesse s'il n'a qu'un enfant, puisque la quotité réservée à celui se chiffre à 50 % (22).

25. – Les associations caritatives ou les amis et connaissances ayant reçu des libéralités du défunt doivent procéder à un rapport (rembourser) à la succession. Il procède à une restitution de biens ou d'argent pour que la réserve héréditaire soit reconstituée. Ainsi, chacun des héritiers pourra percevoir le minimum légal auquel il a droit depuis le Code civil de 1804. Néanmoins, du moment que cette réserve est préservée (respectée) le parent peut valablement utiliser sa quotité disponible comme bon lui semble ; y compris la donner à l'un des enfants ou à tiers de la famille ou d'en dehors (23).

---

22) En matière d'héritage, quel est le sort des enfants nés hors mariage par rapport à leurs frères et demi-frères ? Quelle obligation financière survient sur la tête (ou sur le patrimoine) en cas de survenance d'enfant ? Quand le rapport des libéralités est-il nécessaire ? Quelle est l'inverse de la quotité disponible ? Qu'est le synonyme de la réserve, en matière de succession héréditaire ? Combien d'enfants a certainement le parent qui aurait le droit de donner gratuitement la moitié de sa fortune ? Le parent dont la quotité disponible est du tiers (33 %) a-t-il un enfant, deux enfants, ou trois enfants ?

23) En quoi consiste le rapport auquel une association caritative bénéficiaire d'une donation pourrait effectuer ? Depuis quand une part minimale d'héritage est-elle promise à chacun des héritiers ?

26. – Toujours en droit patrimonial de la famille, l'on rencontre aussi la notion de récompense. Cette récompense est la somme d'argent qu'un conjoint doit rembourser à leur communauté avant le partage entre eux de ce patrimoine commun. Ce partage a lieu parce qu'il y a dissolution de la communauté en conséquence d'un divorce ou d'un décès. Sans trop le savoir, tout Français qui se marie choisit, comme régime matrimonial, la communauté légale réduite aux acquêts. Cela veut dire que toutes les acquisitions survenant tout au long du mariage seront la propriété commune des deux conjoints (biens communs). En revanche, seront des biens propres (personnels) à chacun d'eux, les biens déjà détenus avant le mariage, et ceux reçus à l'occasion de libéralités, en particuliers les donations ou les héritages ([24]).

27. – L'hypothèse de la récompense est qu'un bien propre a pu être conservé, ou a été amélioré, grâce à des fonds de la communauté. Par exemple, une vieille masure (maison) reçue en héritage par l'un a été retapée grâce aux salaires du couple ; au point qu'il en est résulté une plus-value de 100.000 €. Lors de la dissolution de la communauté à la suite d'un divorce ou d'un décès, cette plus-value doit être partagée moitié/moitié. Deux possibilités : soit le conjoint propriétaire ramène toute cette plus-value à la communauté (en vue du partage) ; soit il se contente d'émettre un chèque à l'ordre de son ex-conjoint, pour la différence (c'est-à-dire la moitié) ([25]).

---

24) Comment s'appelle la somme d'argent due par un conjoint à la communauté conjugale ? Quand (à cause de quoi) la communauté conjugale prend-elle fin ? Sous quel régime matrimonial se trouvent presque tous les maris et femmes en France ? Quels biens obtenus après le mariage ne font quand même pas partie de la communauté conjugale ? Comment sont qualifiés (quelle est l'appellation) des biens des époux qui ne relèvent pas de la communauté ?

25) Qui a droit à la plus-value de l'immeuble personnel dont l'argent de la communauté a permis le maintien de la valeur ou un surcroît de valeur ?

28. – Le partage égalitaire de la plus-value de cette mesure personnelle s'imposerait même dans un cas où les travaux d'amélioration auraient été financés par les seuls salaires du conjoint propriétaire. Car les rémunérations des deux conjoints entrent dans leur communauté conjugale. Au demeurant, la rémunération de leur force de travail constitue la principale source de revenus de chacun. Certes, plusieurs appellations leur sont régulièrement affublées ([26]).

## *§ 2. - Le paiement étalé dans le temps*

La vente avec rentes viagères ou vente en nue-propriété

29. – En matière immobilière, la vente peut se faire avec rente viagère. Cela veut dire que le vendeur reçoit une partie du prix sous la forme d'un capital, puis le reste du prix, au moyen de versements périodiques. Il perçoit ces rentes jusqu'à la fin de ses jours ; d'où l'appellation familière de viager. Finalement, le prix de l'immeuble sera plutôt faible si le vendeur meurt vite. A l'inverse, ce prix sera élevé si le vendeur ne décède que des décennies après la vente. Dans l'intervalle, il conserve l'usus (usage) et le fructus (loyers) de la maison ; il en est usufruitier. Le vendeur est grossièrement "*propriétaire nu*", en ce sens qu'il n'a pas, pour l'heure, aucun des avantages d'être propriétaire. On peut parler en l'occurrence de vente en nue-propriété ([27]).

---

Pourquoi ne peut-on dire que la récompense faite par un époux au profit de la communauté est un cadeau au profit de cette communauté ?

26) Quel est le sort des salaires relativement à la communauté conjugale ? En définitive, la communauté réduite aux acquêts donne-t-elle droit à 0 %, à 25 %, ou à 50 % des rémunérations perçues par le conjoint ?

27) Comment s'appelle la mensualité due par l'acheteur dans le cadre d'une vente en nue propriété ? A quel contrat doit-on penser lorsqu'il est à la fois question de capital et de rente ? Quand (dans quelle hypothèse) la vente

30. – La vente en nue-propriété ou vente avec rentes viagère est un contrat aléatoire. Cela veut dire que chacune des parties contractantes (l'acheteur et le vendeur) court un risque de perte financière. Par exemple, pour un immeuble valant 258.000€, le vendeur accepte un capital de 150.000€, plus le versement mensuel à vie d'une rente de 600€. Il prend un risque pour les 108.000€ qu'il n'exige pas immédiatement. Toutefois, il les percevra en totalité s'il vit encore pendant les quinze années qui suivent la vente (600€ par mois ; 7200€ par an ; et 108.000€ en 15 ans). S'il meurt au bout de 10 ans, ses rentes mensuelles ne s'élèveront qu'à 72.000€. Par conséquent, ce vendeur (ou plutôt sa succession) aura subi un manque à gagner de 36.000€ (108.000€ - 72.000€). En revanche, s'il décède plus tard, il aura réalisé un gain supplémentaire (mensuel, puis annuel) au fil du temps. Ainsi, à l'issue de la vingt-deuxième année, ses rentes se seront montées à 144.000€ ; soit un gain de 50.400€. Après 30 ans, au lieu des 108.000€ initiaux, l'acheteur aura alors eu à supporter 216.000€ ; en clair, un doublement. Dans ces conditions, la maison aura finalement coûté, non pas 258.000€, mais plutôt 466.000€ ([28]).

31. – Bien entendu, il est hors de question (pour l'acquéreur) de précipiter la mort du vendeur ; car ce serait un assassinat, un crime puni de la perpétuité. Encore une fois, le contrat est ici aléatoire, en ce sens que le prix dépend de la durée incertaine de la vie d'une personne. Cet aléa ne diminue pas forcément en achetant à un mourant. Car la vente est nulle si la rente

---

avec rentes viagères est-elle en définitive une bonne affaire pour l'acheteur ? En cas de vente en nue-propriété, qui détient l'usus et le fructus ?

28) Pourquoi peut-on dire que la vente avec rentes viagères est un contrat aléatoire ? Dans une vente avec rentes viagères, quel est l'aléa pour le vendeur (ou pour ses héritiers) ? Quel est le risque pris par l'acheteur en cas d'achat avec rentes viagères au vendeur ?

est créée sur la tête d'une personne atteinte de la maladie dont elle est décède dans les vingt jours de la date du contrat (Code civil, art. 1975) ([29]).

32. – Le versement périodique de rentes est une situation proche du droit de suite reconnu aux auteurs d'œuvres graphiques (c'est-à-dire aux peintres, aux sculpteurs, aux graveurs) par le Code de la propriété intellectuelle (le CPI). En effet, chaque fois que leur œuvre entre dans le patrimoine d'un nouvel acquéreur (au fil des reventes successives), un certain pourcentage du prix de vente (3%) doit leur être réservé. C'est dire que plus une telle œuvre change de propriétaires (de préférence pour des sommes élevées), plus son créateur s'enrichit ; mais d'un montant inférieur au égal à 12500€, par vente ([30]). Par exemple, l'artiste percevra 3.000€ pour un tableau revendu 100.000€ par l'acheteur ; et 7.500€ s'il a été revendu 250.000€. En revanche, il ne pourra pas exiger 15.000€ si la revente avait été faite à 500.000€, même si tel est le résultat de la multiplication du prix par 3%. La raison est que le montant du droit de suite est plafonné ; il ne saurait dépasser 12.500€.

La redevance et les droits d'auteur

33. – Les autres créateurs d'œuvres de l'esprit (compositeurs, paroliers, dramaturges, romanciers, chorégraphes, etc.) vendent rarement leurs œuvres de façon définitive. Ils se contentent effectivement d'en autoriser l'usage aux personnes

---

29) Pourquoi préféreriez-vous être l'acheteur avec rentes viagères dont le vendeur meurt dans la semaine de la vente, ou bien au contraire meurt dans les trois mois ?

30) Quels trois titulaires du droit de suite pouvez-vous indiquer ? Quel montant le droit de suite rapporte-t-il au maximum à l'auteur de l'œuvre graphique ? Quel est le pourcentage du prix de revente d'un tableau est-il reconnu à son auteur, le peintre ?

qui s'y intéressent ; et ils demeurent propriétaires de leur création intellectuelle ([31]). La cession d'une semblable œuvre n'est jamais qu'une sorte de location ; c'est un droit d'usage. Souvent, contre une rémunération librement négociée. Les créateurs perçoivent alors des droits d'auteurs comme contrepartie. En anglais, l'on parle de royalties ; en souvenir de la somme modique versée à l'impératrice Victoria par quiconque reproduisait son visage en vue de vendre divers produits (tasses, assiettes, napperons, etc.).

34. – De même, l'auteur d'une invention brevetée perçoit des redevances d'exploitation de la part des entreprises auxquelles il octroie une licence (d'exploitation). Le Code de la Propriété Intellectuelle (le CPI) exige que ces contrats de cession ou d'exploitation soient écrits. En outre, les rémunérations prévues doivent être proportionnelles (un certain taux des ventes réalisées). Par exemple, grâce à un brevet ou bien grâce à une œuvre littéraire, l'exploitant a réalisé un chiffre d'affaires de 500.000€. Si l'auteur avait consenti la licence d'exploitation de son œuvre contre 5% des ventes, alors il recevra 25.000€ ([32]).

35. – Toutefois, dans de rares cas, une rémunération forfaire est admissible ; car il serait impossible de faire autrement. Par exemple, l'œuvre a été utilisée dans le cadre d'une manifestation gratuite : en l'espèce, il n'y aura pas de recettes sur lesquelles fonder la rémunération des auteurs des œuvres

---

31) Comment s'appellent les sommes dues au créateur d'une œuvre de l'esprit en contrepartie de l'usage de cette œuvre ? De quelle époque date l'idée d'un paiement de royalties ? Quel est le synonyme anglo-saxon de royalties ? Qui a le droit de propriété sur une chorégraphie lorsque le chorégraphe en a cédé l'usage à une troupe professionnelle ?

32) Que penser de la valeur juridique la cession par oral du droit d'utiliser un roman pour un film ? Comment appelle-t-on la rémunération que perçoit l'auteur d'un brevet d'invention des industriels qui utilisent cette invention ?

utilisées (la musique passée, les films projetés, les pièces jouées, les passages lus, etc.). Dans ces conditions, les droits d'auteur seront par exemple calculés en tenant compte du budget de cette manifestation. Bien sûr, l'auteur peut autoriser l'usage gratuit de son œuvre ; ponctuellement ou ad vitam aeternam. Dans ce dernier cas, il aura eu la gentillesse et l'abnégation de la placer prématurément dans le domaine public ; c'est-à-dire sans attendre 70 ans après sa mort ([33]).

36. – Précision importante : d'après, le CPI, l'utilisation de l'œuvre intellectuelle d'autrui sans autorisation de la part de l'auteur ou de son représentant (SACEM ou autres) est un délit. Ce délit s'appelle une contrefaçon. Les auteurs et leurs complices encourent 3 ans d'emprisonnement et 300.000€ d'amende ; ce sera davantage en cas de récidive, ou encore de personne morale coupable. Les uns et les autres doivent par ailleurs des dommages-intérêts aux auteurs des œuvres ([34]).

37. – Ainsi, en l'absence de contrat écrit, qui donnerait le droit d'utiliser gratuitement un logiciel, un film, une chanson, ou tout autre œuvre de l'esprit, il faut prévoir de payer des droits d'auteur. Sinon, l'on se rend coupable d'une contrefaçon. Celle-ci ne concerne donc pas forcément une copie d'un objet de marque ([35]).

---

33) Après combien de temps l'utilisation d'une œuvre de l'esprit devient-elle gratuite pour tous ? Quand est-il logique que la redevance ou les droits d'auteurs ne seront pas proportionnels, mais plutôt forfaitaires ?

34) Quelle dénomination porte le fait d'utiliser l'œuvre intellectuelle d'autrui sans autorisation ? Quelle sanction pénale est encourue par l'auteur d'une contrefaçon ? Si pour le délit de contrefaçon un individu risque une amende de 300.000 euros, quel sera le montant pour une personne morale ?

35) Comment s'appelle (peut-être en vue d'une commercialisation) le fait de dupliquer ou de traduire un livre sans autorisation ? Qui donne

Les intérêts et les mensualités d'un prêt

38. – On parle de mensualités à propos des sommes versées selon cette périodicité (le mois) au vendeur à crédit ou bien au prêteur d'un capital. Un tel prêteur peut se contenter de récupérer le montant (le capital) initialement remis à son emprunteur. Toutefois, quand il est un professionnel, en particulier un banquier, ce prêteur exige un supplément en sus de son capital : les intérêts. Au regard de celui qui est tenu de les payer, on parle d'intérêts débiteurs, tandis que du point de vue du prêteur, il est question d'intérêts créditeurs ([36]).

39. – Avant le Code civil (institué en 1804), il était illégal d'exiger des intérêts. Même aujourd'hui, pour les mériter vraiment, il faut en mentionner le taux dans le contrat (de prêt ou de vente). Un taux qui doit rester raisonnable, c'est-à-dire qui ne dépasse nullement le taux d'usure (ou taux usuraire). Ce dernier est fixé, pour le trimestre suivant, et pour chaque type de prêt, par la Banque de France. Les règles applicables en la matière sont contenues dans le Code de la consommation, et subsidiairement dans le Code civil ([37]).

40. – Notons que, de la part d'un professionnel, à l'encontre d'un consommateur agissant dans le cadre de sa vie privée, la fixation d'un taux d'intérêt usuraire constitue le délit d'usure.

---

l'autorisation d'exploiter une œuvre de l'esprit, autorisation grâce à laquelle il n'y aura pas délit de contrefaçon ?

36) À l'égard de qui parle-t-on d'intérêts débiteurs à l'occasion d'un prêt d'argent ? À qui des mensualités sont-elles généralement dues ? De quoi se prive le prêteur ou le vendeur à crédit qui se contenterait de prévoir de récupérer le prix convenu ou le capital prêté ?

37) Depuis quand est-il devenu légal d'exiger des intérêts à son emprunteur ? A quelle condition les intérêts convenus lors des pourparlers seront-ils exigibles en définitive ? Qui détermine le taux maximal à ne point dépasser afin que le taux ne soit pas du taux usuraire ?

Il est puni de 2 ans d'emprisonnement et de 300.000€ pour un simple particulier (auteur principal ou complice). Il y a en outre le remboursement du trop-perçu à l'emprunteur, de même éventuellement des dommages-intérêts à son profit. Les ouvrages d'autrefois utilisaient parfois l'expression loyer de l'argent à la place d'intérêts ([38]).

41. – Désormais, ce terme de loyer se rencontre essentiellement en cas de mise à disposition payante d'une chose au profit de quelqu'un : bail d'habitation ; bail commercial ; crédit-bail ; location. Si l'utilisateur n'a pas à payer, c'est-à-dire si l'usage de la chose non-consommable d'autrui est gratuite, c'est un prêt à usage (ou encore un commodat, en droit romain). Même des sociétés commerciales font de tels prêts gratuits. On peut prendre comme exemples : les cuves de l'exploitant d'une station-service, lesquelles lui sont prêtées par le fournisseur de carburant (TOTAL, MOBIL, etc.). De même, le supermarché prête ses caddies (ses chariots) aux clients venant faire des achats dans ses rayons ([39]).

42. – Le banquier qualifie de commissions le prix des frais qu'il endure à cause d'un client ; des frais qu'il faut lui répercuter. Par exemple, chaque fois qu'il prend en charge un chèque sans provision, le banquier se paie une commission d'intervention de 8 €, sans jamais pouvoir dépasser 80 € par mois). Dans les années 2010, ces frais se montaient largement au-delà. Tout compte fait, les personnes pauvres permettent au banquier de bien gagner sa vie ; car elles émettent des chèques alors

---

38) Que signifie la formule un peu vieillie de loyer de l'argent ? Qu'encourent comme sanctions pénales les auteurs et complices de taux usuraires ?

39) Comment s'appelle la somme d'argent due par le locataire au propriétaire de la chose louée ? Comment appelle-t-on plus précisément un prêt gratuit d'un bien non-consommable ? Quel est en droit français le synonyme du terme commodat du droit romain ?

qu'elles n'ont pas d'argent dans leurs comptes. Pour s'éviter de pareils frais, elles devraient solliciter une autorisation de découvert (pour un certain maximum), contre argent ([40]). La charge diminue alors de moitié (4 € par opération et 20 € par mois).

43. – Ces frais bancaires ont pour synonyme le terme (italien, romain) agios. Concrètement, le contrat de service bancaire intervenu peut être rémunéré au moyen d'agios forfaitaires ou au moyen d'agios proportionnels (au montant et au temps). Le banquier en réclame aussi lorsque son intervention a lieu dans le cadre d'un effet de commerce (lettre de change, billet à ordre, récépissé-warrant). Ces effets sont des documents contractuels en vertu desquels une personne doit payer la somme qui y est mentionnée, aussitôt qu'en arrive l'échéance ([41]).

44. – Quand il se trouve dans le besoin, le porteur (le bénéficiaire) d'un effet de commerce peut être conduit à le remettre (avant l'échéance) à une banque ; en vue de se refinancer. C'est l'escompte de l'effet de commerce. Le porteur ne perçoit alors qu'une partie du montant nominal inscrit sur cet effet. La raison est que le banquier escompteur prélève une commission pour le service rendu ; à savoir le paiement avant l'échéance ([42]).

---

40) S'agissant des frais d'intervention du banquier, à partir (au-delà) de quelle opération la charge du client ne s'alourdira plus en commissions ? Pourquoi les clients pauvres semblent-ils intéressants pour un banquier ?

41) Quels exemples d'effets de commerce peut-on indiquer ? Quelle est l'origine du terme agio ? Quel terme pourrait être retenu comme synonymes des expressions frais bancaires ou commissions bancaires ?

42) Auprès de qui un effet de commerce est-il généralement escompté ? Quelle opération (quel mécanisme) est ouverte au porteur d'une lettre de change (ou d'un autre effet de commerce) qui serait pressé de percevoir son dû avant l'échéance ?

45. – De plus, ce banquier prend le risque de ne pas rentrer dans ses fonds, puisque le débiteur de l'effet de commerce pourrait se révéler insolvable. Le paiement d'avance et le recouvrement incertain ont ainsi donc leur prix. À la vérité, le banquier prévoit généralement de se retourner aussi contre le porteur (transmetteur) de l'effet finalement impayé. C'est même loi qui, pour assurer la confiance dans les effets de commerce, prévoit des recours rigoureux à l'encontre du débiteur et des endosseurs (pour transmission) de la lettre de commerce. Le banquier escompteur possède ainsi au moins deux débiteurs ([43]).

46. – Le terme escompte est même carrément retenu comme nom de la rémunération de l'affactureur. Le contexte est celui d'une entreprise désireuse de renflouer sa trésorerie au moyen (de la vente ou cession) de ses factures à recouvrer. Celles-ci sont alors transmises à une société d'affacturage, laquelle les paie un peu moins que leur valeur nominale. Elle se chargera de les recouvrer auprès des clients du commerçant ainsi financé. Une pareille mobilisation des créances (par le biais de l'affacturage) est comparable à l'escompte d'un effet de commerce ([44]).

Le contrat d'assurance

47. – Dans le contrat d'assurance, l'on rencontre une dette d'argent dénommée cotisation. C'est la somme périodiquement versée à sa compagnie d'assurance ou à sa mutuelle par la personne physique ou morale voulant se couvrir contre le cas de survenance d'un certain risque. L'idée est que si ce risque

---

43) Combien le banquier escompteur a-t-il au moins de débiteurs pour être sûr de rentrer dans ses fonds ? Quand le banquier escompteur se retourne-t-il contre la personne qui lui aura remis la lettre de change à l'escompte ?

44) Quel service est-il rendu par l'affactureur a une entreprise ? Que faut-il entendre par l'expression mobilisations des créances ?

se produisait, l'assureur indemniserait l'assuré du dommage alors subi. La somme alors versée à l'assuré victime est l'indemnité d'assurance. Comme les deux parties contractantes ignorent si le risque adviendra, l'on peut parler de contrat aléatoire entre eux. L'aléa étant la survenue (ou non) du risque couvert ([45]).

48. – En pratique, les assureurs ont la réputation de ne pas s'acquitter de bon cœur des sommes contractuellement promises à leurs assurés. Parfois, pour leur défense, ils reprochent à ces clients (devenus leurs créanciers de l'indemnité d'assurance) de ne point être à jour des cotisations (encore dites primes d'assurance). Ou bien, ils contestent la description faite du risque survenu ; une description alors taxée d'incomplète et/ou d'insincère ([46]).

49. – Il est vrai qu'il existe des escroqueries à l'assurance. En l'occurrence, un assuré provoque lui-même le préjudice, en vue de percevoir l'indemnité convenue. Cela étant, l'indemnité reçue ne répare l'ensemble du préjudice que si le contrat (d'assurance) n'avait pas prévu que l'assuré conserverait à sa charge une partie de son préjudice. La somme qui reste ainsi à la charge de l'assuré s'appelle la franchise ([47]).

50. – Le terme cotisation rappelle par ailleurs la somme périodiquement attendue du membre d'une association. Il est entendu que celle-ci provient d'un contrat entre les

---

45) Quel est le synonyme de prime d'assurance ? Comment s'appelle la somme due par l'assureur à son assuré victime ? Quels deux contrats aléatoires pouvez-vous citer ?

46) Comment l'assureur s'imagine-t-il échapper à son obligation d'indemniser son assuré ?

47) Quelle partie au contrat d'assurance songe parfois à une escroquerie à l'assurance ? Comment s'appelle la portion du dommage que l'assureur n'indemnise pas et laisse donc à la charge de l'assuré ? Qui, dans le contrat d'assurance, est content de l'existence d'une franchise ?

fondateurs : le contrat d'association. Au fond, les mutuelles (d'assurance ou de banque) sont assimilables à des associations (sans but lucratif) ; la mutuelle est censée appartenir à ses clients. Quant aux compagnies d'assurance (les destinataires des primes), elles sont, avec les banques, les entreprises les plus caractéristiques du monde capitaliste. Par exemple, leur doivent énormément, le financement des firmes multinationales d'aujourd'hui, ainsi que les prêts à la grosse aventure ayant permis le commerce avec les Indes, ou encore l'abominable commerce triangulaire (d'esclaves transplantés d'Afrique vers les Amériques) ([48]).

Le paiement à son association ou à un parti politique

51. – Le nom cotisation sert aussi à rendre compte de la contribution (habituellement annuelle) due par chaque sociétaire à l'association, ou à chaque militant à son parti politique. Malgré le caractère amical de telles structures, un procès est envisageable contre le membre mauvais payeur pour défaut de paiement. Plus sûrement, leur droit de voter et d'être élu au sein de la structure peut y être compromis ([49]).

52. – Si bien que lors des Primaires de la Gauche française de 2016, quelques candidats aveint dû préalablement apurer leurs arriérés de cotisations avant de pouvoir concourir (par exemple 19.500€ pour Vincent Peillon, ancien ministre de l'Éducation nationale). De même, dans la perspective de l'élection présidentielle de 2022, Xavier Bertrand (président

---

48) Quelle somme d'argent (quelle appellation) est commune aux associations et aux assurances ? Quelle différence fondamentale existe entre une mutuelle d'assurance et une compagnie d'assurance ? Que peut-on reprocher au prêt à la grosse aventure ?

49) Comment s'appelle le membre d'une association ? Quelle condition minimale doit remplir un membre d'association ou de parti politique désireux de se voir confier une responsabilité ?

de la Région Haut-de-France) et Valérie Pécresse (présidente de la Région Île-de-France) avaient dû régulariser leurs situations respectives auprès de leur parti politique Les Républicains, autrement dit LR ([50]).

53. – Curieusement, quelques militants décident de payer plus qu'une modeste cotisation à leur parti politique. Du moment qu'ils sont des personnes physiques, et non pas des personnes, morales, ils peuvent énormément donner. Surtout qu'à proportion de la somme de 7500 €, leur générosité partisane pèsera en partie sur le Trésor (c'est-à-dire à la sur la collectivité tout entière). En effet, ils n'en supportent que 34 %, puisqu'ils bénéficient d'une déduction d'impôt de 66 % de leurs dons partisans ([51]).

Les paiements de membres d'une société

54. – Le membre d'une association n'est pas un associé. Car le terme désigne plutôt le titulaire de parts d'une société ; notamment les membres fondateurs. Le terme actionnaire désigne le propriétaire d'actions (d'une société de capitaux). En pratique, les associés et les actionnaires auront participé à la constitution du capital de la société en effectuant des apports en numéraire (remise d'argent) et/ou des apports en nature (remise de biens matériels ou incorporels) ([52]).

---

50) Qu'ont en commun Xavier Bertrand et Valérie Pécresse ? Quels deux hommes politiques mauvais payeurs de leurs cotisations avaient dû régulariser leur situation ?

51) Si un militant a versé 1000 € à son parti politique, quel sera le montant de sa déduction fiscale ? Quel sera le montant de la déduction fiscale en cas de don de 10.000 € à son parti politique ? Combien le militant qui a versé 14.000 € à son parti politique supportera-t-il de sa poche ? Quel type de personnes n'a pas le droit de financer des partis politiques ?

52) Qui d'entre le sociétaire et l'associé est le membre d'une association ? D'entre les termes actionnaire, associé et sociétaire, lequel semble être l'intrus ? Quelle dénomination caractérise (désigne) les personnes qui auront fait des apports pour la constitution d'une société ?

**Causes volontaires (et dénominations) des paiements**

55. – Le capital ainsi constitué servira à payer les fournisseurs à crédit et autres créanciers de la société en cas de faillite de celle-ci. Pour que cette garantie soit sérieuse et protectrice, les apports fictifs sont interdits et sont par conséquent punis par la loi. C'est le délit de simulation de souscriptions ou de versements. D'un autre côté, une action en justice peut être intentée contre les actionnaires retardataires, afin qu'ils versent enfin le montant représentatif de leurs parts ou de leurs actions. C'est une action en libération des apports ([53]).

56. – Comme chacun s'en doute, dans une association, les sociétaires ne se groupent pas en vue de réaliser des bénéfices. Effectivement, leur objectif est en principe seulement solidaire, culturel, sportif, ludique, etc. Au contraire, les associés espèrent une portion des bénéfices que la société aura réalisés. Le dividende alors ainsi perçu est proportionnel à l'investissement fait dans l'entreprise. Concrètement, c'est l'associé détenant le plus de parts ou d'actions qui perçoit la portion de bénéfices la plus grosse ([54]).

---

53) À quoi est destiné à servir le capital social ? Quand (pour quoi) le capital social pourra-t-il être utilisé ? Quelle est la qualification juridique donnée au fait de faire semblant de faire des apports à une société ? Contre qui l'action en libération des apports est-elle envisageable ?

54) Quel type de personnes morales de droit privé ne se destine pas à la réalisation de profits, mais se donne un objectif solidaire, culturel, sportif, ludique ? Comment s'appelle les portions de bénéfices annuels qui reviennent à chacun des associés ? Quel critère est-il retenu lors du partage des bénéfices entre les associés ?

## Section 2. - Le paiement d'actes futurs ou rétractables.

### *§ 1. - Le moment du paiement, la rétractation et l'avoir*

57. – Quand le client doit-il payer la somme promise au fournisseur ? Les biens et les prestations de service sont généralement payés au comptant ; encore que deux autres modalités soient utilisables. En tous cas, le paiement cash a lieu par virement, par carte de paiement, par remise de billets et d'espèces, ou par chèques. Quel que soit le moyen de paiement utilisé, chacun des contractants est immédiatement satisfait. Certes, un paiement peut aussi consister en la remise d'une chose. Par exemple, dans le cadre d'un héritage, les héritiers financièrement incapables de payer les droits de succession à l'administration fiscale pourrait transmettre à celle-ci un bien de valeur tel qu'un tableau ou une sculpture. On parle alors de dation en paiement. D'ailleurs, en cas d'échange, les deux coéchangistes se remettent mutuellement un objet (55).

58. – Lorsque le client n'a pas à payer immédiatement pour l'opération économique dont il aura bénéficié, une telle opération est donc faite à crédit. Dans cette hypothèse d'un délai de paiement donné au client, le fournisseur impayé se comporte alors quasiment en banquier de son partenaire. À priori, il n'y a rien à redire si ce crédit gratuit est volontaire. Par exemple lorsqu'un commerçant propose le paiement en plusieurs mensualités et sans frais à l'acheteur. Tout au plus pourrait-on reprocher au commerçant d'encourager des pauvres gens à la consommation et à l'endettement (56).

---

55) Quels sont les moyens de paiement utilisables par le débiteur ? En quoi consiste une dation en paiement ? Quel est l'intérêt apparent d'un paiement cash, d'un paiement comptant ? Combien de variantes compte-t-on relativement au moment du nécessaire paiement de sa dette ?

56) Que peut-on reprocher au commerçant qui vend à crédit ? Dans quelle mesure pourrait-on féliciter les vendeurs à crédit ? Par quel mot (plus ou

59. – Sauf que le crédit (le délai de paiement) peut se révéler forcé. Surtout dans les relations d'affaires avec une société multinationale, avec un ministère, avec une région, etc. Aussi la législation européenne condamne-t-elle dorénavant les crédits interentreprises sans contrepartie. En clair, le bénéficiaire du délai (c'est-à-dire généralement au-delà de 30 jours) s'oblige à payer un intérêt. Cette législation préserve donc les petites entreprises des abus de leurs puissants clients. Ceux-ci ont (avaient) la fâcheuse habitude d'imposer (d'extorquer) des délais de paiement. Alors qu'une entreprise individuelle risque une amende administrative de 75.000 €, une société pourrait quant à elle devoir payer 2.000.000 €. Soulignons que l'amende n'est pas ici simplement quintuplée, puisque c'est presque 27 fois plus ([57]).

60. – Il existe une troisième variante de l'instant du paiement, aux côtés du paiement comptant et du paiement à crédit : c'est le paiement d'avance. En l'occurrence, le fournisseur ou le prestataire de service perçoit d'ores et déjà tout ou partie du prix de la chose ou du service. Or c'est plus tard seulement qu'il la remettra ou qu'il le réaliserSection 1. Lorsqu'il y a ainsi paiement d'avance, se pose parfois un problème de qualification juridique. En effet, l'on peut hésiter entre la qualification d'acompte et celle d'arrhes. Or les conséquences juridiques des deux mécanismes sont bien différentes. Il est possible de s'en rendre compte à la lecture du Code de la consommation (art. L214-1), ce code relatif aux relations entre consommateurs et professionnels. C'est plutôt le Code civil

---

moins économique) peut-on exprimer le délai de paiement donné au client ?

57), Au-delà de quel délai (durée) une pénalité est-elle généralement due par un client ? Quelle amende administrative est encourue par la société qui décide unilatéralement de payer son fournisseur quatre mois après la livraison ?

(art. 1590) qu'il convient d'ouvrir à propos de relations entre paires : deux professionnels ; deux particuliers ([58]).

61. – Toutefois, lors même que l'avance serait représentative d'un acompte, ou même en l'absence d'avance du tout, l'une des partenaires pourrait vouloir faire avorter le contrat. Ne s'agirait-il pas alors d'un abus de droit ? De toute façon, nul n'est admis à exercer son droit juste pour nuire à autrui. C'est-là l'interdiction de l'abus de droit (abus sanctionné par des dommages-intérêts). Y a-t-il un tel abus en faisant avorter le contrat projeté ? Si oui, le cocontractant démissionnaire ou déserteur de la relation contractuelle devrait payer une indemnité à son partenaire manqué. De fait, il n'y a pas de surprise pour le cocontractant si les conséquences du retrait sont réglées par la loi ou par une clause spécifique (ou dédit, ou arrhes) ([59]).

62. – Faire avorter le contrat par calcul machiavélique contre le partenaire lui donne droit à une indemnité plus forte que les arrhes. Ce sera alors par application du principe de la réparation intégrale (du préjudice déploré). L'excuse exonératoire idéale, pour le démissionnaire, est de justifier son retrait par l'existence d'un évènement qui remplit les trois conditions de la force majeure. De même, l'abandon légitime du contrat pourrait venir de ce que le prêt espéré pour le financer n'aura pu être obtenu. C'est normal compte tenu de

---

58) Quel Code réglemente les relations entre les professionnels et les consommateurs ? En matière de vente, quelles sont deux appellations éventuelles du paiement d'avance de tout ou partie du prix ? A quoi font penser les termes arrhes et acomptes ? Où trouver les règles relatives aux arrhes et aux acomptes relativement à deux particuliers ou deux professionnels ?

59) Comment s'appelle le fait d'exercer son droit juste pour nuire à autrui ? Qu'entraîne un abus de droit à l'égard de son auteur ? En cas de retrait prématuré d'un futur cocontractant, quand faut-il saisir un juge pour savoir combien obtenir en réparation ?

l'interdépendance des deux contrats ; l'avortement de l'un donne le droit d'obtenir l'anéantissement de l'autre. Le prêt demandé à la banque est considéré par les juges comme étant une condition suspensive du contrat avec le professionnel. Peu importe que ce contrat ne contienne aucune indication sur le recours à un tel financement du prix ([60]).

63. – Si un contrat n'a pu être pérennisé à cause du manque de prêt bancaire, toute somme versée d'avance par le consommateur doit lui être immédiatement remboursée. C'est un remboursement sans retenue de la part du professionnel et sans non plus d'indemnité à son profit. Et pourtant, il aura probablement subi un préjudice. En effet, tant en caressant en définitive un faux espoir d'enrichissement, qu'en ayant entrepris des démarches normalement utiles au contrat projeté. La protection du consommateur (traduite dans ce sacrifice des intérêts du professionnel), qui se base intellectuellement sur l'interdépendance des contrats (de vente et de prêt), se retrouve aussi bien en matière immobilière qu'en matière mobilière ([61]).

64. – En pur droit, la vente devrait toujours être définitive et le remboursement impossible ; sauf dans le cas particulier des

---

60) Quelles sont les deux excuses possibles du consommateur pour faire avorter le contrat peut-être déjà signé avec un professionnel ? Que décide la jurisprudence lorsqu'un acheteur s'était engagé dans un contrat, mais que le prêt pour le financer lui a malheureusement été refusé ? La libération du consommateur des liens d'un contrat dont le financement n'a pu être obtenu est-elle envisage alors que l'interdépendance du contrat et du prêt n'avait été préalablement indiqué ?

61) À qui revient l'argent remis d'avance au professionnel si finalement le crédit bancaire nécessaire à l'opération projetée n'est pas obtenu par le consommateur ? Que peut exiger le professionnel au consommateur si l'opération économique envisagée avorte parce que le crédit bancaire n'a pas été obtenu ?

vices cachés. Mais, par volonté de conciliation (geste commercial), lorsque l'acheteur change d'avis sur la chose librement choisie, le vendeur peut l'autoriser à se choisir un autre produit de son catalogue. Dans l'intervalle, il conserve le prix, mais délivre au client un document montrant qu'il est créancier de la somme en question. Ce document s'appelle un avoir. Son montant viendra en substitution ou en déduction du prix du nouveau produit. Attention, pour les ventes par correspondance et celles sur Internet, l'acheteur a véritablement le droit d'anéantir le contrat dans un délai de 14 jours. C'est un délai de rétractation ([62]).

65. – La solution amiable qui consiste en la reprise de la marchandise par le professionnel contre la remise d'un avoir au consommateur leur évite un procès en remboursement. Sachant que tout procès est lent, coûteux, inamical et incertain. Mais vu que l'avoir n'est pas une variante de la monnaie officielle, il n'a de valeur que chez le commerçant qui l'aura établi ; et seulement pour obtenir un produit de rechange. Comme l'indique la Cour de cassation : « *l'avoir est une créance destinée au règlement d'une opération ultérieure et n'est ainsi exigible, à défaut de convention contraire, que lors de ce règlement* » (com., 17 juillet 2001, affaire société Beaumert). En l'absence de clause spécifique en ce sens, le client ne pourra donc jamais recevoir de l'argent à la place d'un nouvel article du commerçant ([63]).

---

62) Comment appelle-t-on le document remis par le vendeur à l'acheteur qui a rapporté le produit en vue d'en prendre un autre quelque temps après ? Quelle est la durée de rétractation en matière de vente par correspondance ou sur Internet ? Comment justifier que dans le cadre d'une vente parfaite le vendeur accepte quand même de reprendre sa marchandise et de délivrer un avoir au client ? Quel acheteur a le droit de se rétracter, entre celui d'un magasin physique et celui d'un magasin sur Internet ?

63) Dans quel cas l'avoir peut-il être exceptionnellement exigible sous forme d'argent ? Quel rôle est donné à l'avoir par le vendeur et l'acheteur ? Que

66. – Même dans un contrat d'entreprise ou un contrat de prestation de service (donc pas forcément un contrat de vente) une clause de dédit est envisageable. En d'autres termes, tout contrat, même valablement formé, pourrait être unilatéralement anéanti par l'un des cocontractants. Il suffit à ce dernier de payer à l'autre le montant indemnitaire convenu dans ce contrat. L'hypothèse de l'abandon aura donc été discutée par les parties contractantes, puis mentionnée dans leur contrat. Certains contrats comportent même soit une clause suspensive, soit une clause résolutoire. En cas de clause suspensive (condition suspensive), le contrat est suspendu et ne s'appliquera que si une condition donnée survient. En cas de clause résolutoire (condition résolutoire) le contrat doit disparaître du moment que survient un évènement donné. Les deux conditions sont laissées au hasard, alors que la clause de dédit est du pouvoir unilatéral d'un cocontractant ([64]).

67. – Quoiqu'elle soit quasiment une pénalité contractuelle, la clause de dédit ne doit pas être confondue avec la clause pénale. Car dans la seconde le contrat survit et doit être exécuté. Précisément, le problème sera que ce contrat aura souffert d'une inexécution (retard, non-conformité). Un défaut d'exécution correct qui appellera une sanction contre le partenaire défaillant. Autre élément de distinction, le montant d'une clause pénale est susceptible de révision à la

---

répondre à la personne qui envisagerait d'utiliser son avoir chez n'importe quel commerçant de sa ville ? A quoi faut-il penser (et qui pousse à des règlements amiables de conflits), lorsqu'il est à la fois question d'incertitude du résultat, de coût, de lenteur et d'inimitié ?

64) Quel nom porte la condition qui, en survenant, met fin à un contrat ? Quelle est la condition qui en advenant permet enfin au contrat d'entrer en vigueur ? Quel élément oppose (différencie) la clause de dédit tant de la clause suspensive que de la clause résolutoire ?

baisse ou à la hausse par le juge saisi par l'une des parties contractantes. En revanche, proclame la Cour de cassation, cette possibilité est exclue s'agissant d'une indemnité de dédit (Com., 18 janvier 2011) ([65]).

### *§ 2. – Les arrhes, les acomptes et les avances*

68. – Les parties contractantes peuvent convenir que le contrat pourra être abandonné. Lorsqu'elles prévoient ainsi de pouvoir changer d'avis (c'est-à-dire qu'elles se seront laissé la possibilité de se dédire), l'on parle de clause de dédit. Il est même défendable de parler de clause de rétractation. Les parties ont certes le droit de ne point tenir compte du principe du consensualisme, lequel veut que le contrat de vente soit parfait du seul fait qu'il y aura eu accord sur la chose et sur le prix ; même en l'absence de livraison de la chose et/ou de paiement du prix. De plus, le principe de l'effet obligatoire des contrats doit jouer du moment que le contrat est valide. Mais la clause de dédit contrecarre l'un et l'autre principe. Le bénéficiaire doit s'en prévaloir le plus vite possible et jusqu'avant la livraison. Le Code civil illustre le concept de clause de dédit lorsqu'il traite des acomptes et des arrhes ([66]).

69. – L'avance versée à un vendeur reçoit la qualification d'arrhes ou bien celle d'acompte. Attention, l'acompte se rencontre

---

65) Quelles deux clauses contractuelles apparaissent comme une sanction financière ? La révision du montant payable par le cocontractant est-elle permise au juge en cas de clause pénale, en cas de clause de dédit, ou dans les deux cas ? Le contrat est-il mort-né en cas d'utilisation de la clause de dédit, en cas d'utilisation de la clause pénale, ou bien dans les deux cas ?

66) A quelles notions songe-t-on relativement à la clause de dédit dans le Code civil ? Jusqu'à quand l'éventuel abandon en application de la clause de dédit demeure-t-il possible ? Normalement, à partir de quand (dès quel moment) le contrat de vente est-il parfait (existe juridiquement) ? La clause de dédit renforce-t-elle ou fragilise-t-elle le contrat ? Quel clause est-elle assimilable à une clause de rétractation ?

aussi dans le contrat de travail, s'agissant d'une avance sur salaire, ainsi que dans le contrat d'entreprise (BTP), s'agissant d'une avance sur les travaux prévus. Si le contrat ne mentionne pas clairement la nature de la somme versée d'avance par un consommateur (au professionnel), il faut se dire qu'il s'agit d'arrhes, et non pas d'un acompte (Code la consommation, art. L214-1). Dans le premier cas (arrhes), il est possible de se libérer anticipativement du lien contractuel. Dans le second (acompte), il faut nécessairement poursuivre le contrat jusqu'au bout ; l'on ne peut donc unilatéralement se dédire ([67]).

70. – Le moyen mnémotechnique pour s'y retrouver est la sonorité de ces mécanismes. D'une part, arrhes sonne comme le mot arrêt, c'est-à-dire comme arrêt possible du contrat. D'autre part, le terme acompte sonne comme continuer, c'est-à-dire continuer forcément le contrat. Ainsi donc, l'une des parties contractantes peut unilatéralement quitter le contrat si l'avance est qualifiée d'arrhes ([68]).

71. – La possibilité de se dédire du contrat emporte une conséquence financière pour le cocontractant déserteur. Une conséquence portant sur l'avance qualifiée d'arrhes. Le montant des arrhes servira en effet d'étalon (de mesure) à la

67) Quelle est la conséquence du fait que l'avance soit qualifiée d'acompte (et non pas d'arrhes) ? Qu'emporte le fait que l'avance mérite la qualification d'arrhes (plutôt que celle d'acompte) ? Grâce à quelle clause (ou quel type de paiement) peut-on valablement quitter le contrat de façon unilatérale et anticipée ? Comment déterminer la nature juridique de l'avance (soit arrhes, soit acompte) lorsque le contrat ne l'indique pas ?

68) La sonorité de quel mot est-elle utilisable pour savoir si un cocontractant pourrait se retirer du contrat lorsque ce sont des arrhes qui avaient été versés par l'acheteur ? La sonorité de quel mot est-elle utilisable pour juger qu'un cocontractant n'a pas le droit de se retirer du contrat parce que la somme versée par l'acheteur est qualifiable d'acompte ?

pénalité due par ce cocontractant. Concrètement, si c'est le client qui renonce au contrat, il doit accepter de perdre l'avance qu'il avait faite. La somme en question constituera une sorte de réparation au profit du vendeur. Mais quand c'est plutôt le fournisseur qui aura décidé d'abandonner le contrat, il doit alors verser à son client le double de la somme qu'il en avait reçue. Il ne paie pas pour autant plus ne perdrait le client ; d'un point de vue patrimonial c'est exactement la même sanction financière contre l'un ou l'autre ([69]).

72. – Le fournisseur ne profite point exagérément (c'est-à-dire gratuitement) de l'avance constituée par le paiement anticipé effectué par le consommateur. En effet, il en doit des intérêts ; au bout du troisième mois (art. L214-2 du même code). Il semble que ce délai soit suffisant pour livrer (enfin) le bien convenu, ou pour accomplir la prestation de service promise. Ces intérêts débiteurs sont calculés en appliquant le taux légal défini chaque semestre par le Gouvernement. Les intérêts en question viennent diminuer le solde restant à payer. L'avantage toutefois restreint aux seuls acheteurs de biens meubles produits en série. Curieusement en effet, les intérêts et la réduction sont exclus pour les commandes spéciales sur devis ; pour les produits fabriqués selon les spécifications de l'acheteur ; pour les biens immobiliers ([70]).

---

69) En cas d'utilisation de son droit au dédit, relativement à une vente pour laquelle 10.000 € avaient été versés en arrhes, quelle perte le déserteur subira-t-il dans son patrimoine ? La sanction financière en matière de dédit d'une vente avec versement d'arrhes est-elle toujours plus forte à l'encontre du vendeur, de l'acheteur, ou est-ce la même pour l'un et l'autre ?

70) À partir de quelle durée le fournisseur qui a reçu une avance devra-t-il des intérêts à l'acheteur ? Qu'est-ce qui, d'entre les biens immeubles, les meubles spécifiques à un client, et les marchandises manufacturées classiques, entrent en considération pour des intérêts sur l'avance déjà versée au fournisseur ?

## Causes volontaires (et dénominations) des paiements

73. – L'acompte prend un sens particulier en matière de prestation de service ou en matière de chantier de travaux. Il s'agit de chacun des trois paiements partiels effectués (pour un chantier) par un maître d'ouvrage (le propriétaire) à son maître d'œuvre (le professionnel). Effectivement, le prix du chantier est généralement payé en partie ; à la commande, puis au début des travaux et, à leur terme. Alors que le premier versement est anticipé, le second rémunère en revanche un travail déjà fait. Le terme acompte s'utilise non seulement dans ce cadre d'un contrat de travaux (pour le juriste un contrat d'entreprise), mais également d'une part en matière de contrat de travail, et d'autre part en matière de contrat de vente ([71]).

74. – Le décaissement des deniers publics obéi au principe du service fait. C'est une règle selon laquelle l'administration ne peut payer qu'après avoir profité du bien ou du service convenu avec le cocontractant. D'où les retards de paiement si souvent reprochés aux services publics. Néanmoins, dans un souci d'aide au financement des entreprises partenaires, l'application de ce principe est dorénavant moins stricte. En effet, le partenaire n'a plus à attendre la fin complète du chantier pour être payé ; il perçoit une sorte d'acompte qu'il faut ici appeler une avance. Néanmoins, l'entrepreneur chargé du marché public en cause devra avoir déjà engagé des dépenses, ou bien avoir fait des commandes. Sur présentation des preuves correspondantes, il pourrait alors percevoir jusqu'à 80 % de leur valeur. De toute évidence, le principe du

---

71) Dans combien de types de contrats rencontre le terme acompte ? En combien de portions (combien de fois) le paiement de travaux (d'un contrat d'entreprise) se fait-il ? Comment s'appelle, pour un chantier, chacun des paiements faits à la commande, durant les travaux, puis à leur fin ?

service fait s'impose toujours sur 20 % au moins du marché public (72).

72) Comment s'appelle la somme d'argent versée par un service public à un entrepreneur qui n'aurait pourtant pas encore achevé son chantier résultant d'un marché public ? Pourquoi les services publics apparaissent en définitive comme des mauvais payeurs ? Relativement au paiement d'avance d'un marché public, quelle proportion maximale de la dette est payable avant la fin complète des travaux ?

## Chapitre 2. – Les paiements d'une relation de travail

### Section 1. – Les rémunérations de base du travail.

#### *§ 1. – La rémunération du travailleur de droit commun*

75. – Pour son fonctionnement, un organisme privé ou public a besoin de la force de travail de plusieurs individus. Dans le secteur privé, de telles personnes lui sont juridiquement liées par un contrat de travail (s'agissant d'employés ou de cadres) et au moyen d'un contrat de mandat (pour les dirigeants sociaux : gérants ; directeurs). Une rémunération est versée aux uns et aux autres au regard des services qu'ils sont censés rendre leur employeur. L'avantage pécuniaire ainsi dû au travailleur se dénomme diversement ([73]).

76. – Au cas général des travailleurs, la somme prévue en contrepartie de leur activité porte l'appellation générique de rémunération. Toutefois, par souci de précision, pour un fonctionnaire, il faudrait parler de traitement. En revanche, pour le travailleur du secteur privé, l'on devrait retenir le terme salaire. Cela étant, des poèmes et romans d'autrefois utilisaient parfois l'expression appointements pour caractériser la somme due en contrepartie de la force de travail. D'un autre côté, dans les forces armées, la rémunération du simple soldat était souvent qualifiée de solde ([74]).

---

73) Quel type de contrat lie juridiquement l'entreprise à ses dirigeants sociaux ? Quel contrat établit juridiquement un lien entre un salarié et son employeur ?

74) Comment appelle-t-on la rémunération mensuelle d'un fonctionnaire ? Quelle est la dénomination de la rémunération d'un travailleur du secteur privé ? Quel terme pourrait (pouvait) être admis comme un synonyme de terme appointements ? A quels travailleurs le terme solde devrait-il être logiquement limité ?

77. – Normalement, tout salarié relève de la convention collective applicable aux entreprises du secteur d'activité dont relève son employeur. Cette convention renferme (entre autres éléments) des grilles qui énoncent le montant de la rémunération normale, en fonction des titres et diplômes détenus, et en fonction de l'ancienneté dans un grade donné. Grâce à ces grilles, il apparaît facile d'éviter des discriminations patronales. C'est aussi plus simple d'appliquer le principe d'égalité salariale : « *à travail égal, salaire égal* ». Bien sûr, l'employeur peut se montrer généreux (dans le contrat de travail) en octroyant (égalitairement) beaucoup plus que n'exige la convention collective. Il ne saurait en revanche descendre en dessous des grilles professionnelles de rémunération, et moins encore en dessous du SMIC ([75]).

78. – Pour les fonctionnaires aussi, il existe des grilles indiciaires propres à chacune des trois fonctions publiques (d'Etat, hospitalière, territoriale). De sorte que, grâce à l'Internet notamment, n'importe quel citoyen est capable de déterminer grosso modo combien gagne un fonctionnaire donné. L'égalité des rémunérations est particulièrement nette entre fonctionnaires, sans distinction de sexe. En effet, pour les fonctionnaires de même ancienneté, la rémunération est la même. Le site Internet le plus intéressant pour s'en rendre compte est : emploithèque.org ([76]).

---

75) Dans quel(s) document(s) trouve-t-on la rémunération applicable à un salarié ? Quelle rémunération minimale est assurée à tout travailleur en France ? Par quelle expression dorénavant populaire manifeste-t-on l'exigence d'égalité salariale ?

76) Sur quel site Internet aller pour se faire une idée des rémunérations des uns et des autres ? Quelles sont les trois sortes de fonctions publiques ? Peut-on dire que l'ancienneté joue un rôle sur le montant de la rémunération d'un fonctionnaire ?

**Causes volontaires (et dénominations) des paiements**

79. – Dans les entreprises privées, ce sont les dirigeants sociaux (les patrons) qui fixent quasiment leur propre rémunération ; sans référence particulière à une grille préétablie. On devine facilement qu'ils n'hésitent pas à se montrer généreux envers eux-mêmes. Certes, une assemblée générale des actionnaires vote pour ou contre de pareilles rémunérations ; or ce sont eux les propriétaires de l'entreprise. En tous cas, les médias se font volontiers l'écho de l'énormité des avantages de ces dirigeants sociaux. Pourtant, par rapport à ce qui se passe aux États-Unis d'Amérique, les rémunérations françaises apparaissent faibles ([77]).

80. – Pour se défendre contre la critique et la réprobation sociale, relativement à leurs rémunérations, les dirigeants sociaux avancent souvent deux arguments, en plus de l'intérêt intrinsèque de leur action au sein de l'entreprise. D'une part, leurs équivalents étrangers gagnent beaucoup plus. D'autre part, des sportifs et des artistes, même en France, sont beaucoup mieux payés qu'eux. Il n'empêche que leurs salariés n'ont pas le privilège de se fixer leur propre rémunération. Sinon, il n'y aurait quasiment pas de travailleurs pauvres ([78]).

81. – L'une des preuves de l'existence de travailleurs pauvres résulte des plaintes souvent médiatisées sur la faiblesse du pouvoir d'achat. Il est vraisemblable que les riches pleurnichent rarement à cause de l'onérosité des biens et

---

77) Qui vote (accorde) aux dirigeants sociaux leurs rémunérations et avantages divers ? Qui suggère à l'assemblée générale d'une société les rémunérations applicables aux dirigeants sociaux ? Au regard du montant de la rémunération, que peut-on dire d'une comparaison entre la France et les États-Unis d'Amérique ?

78) Que répondent les dirigeants sociaux d'entreprises françaises à ceux qui leur reprochent leurs grosses rémunérations ? Quels travailleurs (peut-être un peu particuliers) gagnent bien plus que les dirigeants d'entreprises ?

services. Juste se lamentent-ils à propos des prélèvements obligatoires (impôts et cotisations sociales). Du reste, plus ils s'offrent des choses dont les classes sociales inférieures se contentent de rêver, plus ils se sentent bien. On pourrait ici parler de snobisme ([79]).

82. – Curieusement, les pauvres aspirent à vivre à la façon des riches. Même en sachant que ceux-ci acquièrent parfois à prix d'or des biens dont ils n'ont nullement besoin. Il faut savoir que « *les choses nécessaires sont peu chers, mais que les choses superflues coutent cher* ». C'est une leçon de vie de DIOGÈNE, un philosophe grec d'il y a 2500 ans ([80]).

83. – Cela étant, la loi prévoit que (même dans le pire des cas) une rémunération d'un certain soit versé par l'employeur à son salarié. Il s'agit du SMIC : le salaire minimum interprofessionnel de croissance. Comme ce SMIC est déterminé (par les autorités publiques) en fonction de la richesse générale du pays, ainsi que du coût de la vie, il devrait systématiquement suffire à offrir aux intéressés le logement, la nourriture et les loisirs. Mais encore une fois, les travailleurs se plaignent de la modicité de leur rémunération ([81]).

84. – Pourtant, les entreprises estiment payer trop cher la main-d'œuvre qu'elles emploient. Plus précisément, leurs porte-paroles invoquent la détérioration continue de la compétitivité des entreprises françaises du fait de ce poste de dépense. De

---

79) Quel regard les riches paraissent-ils avoir sur la cherté des biens et services ? Quelles sont les dépenses obligatoires que les riches trouvent chères et quasiment inacceptables ?

80) Qu'est-ce qui, d'entre les choses nécessaires, et les choses superflues, coûtent le plus cher ? Que peut-on retenir du philosophe grec Diogène à propos des dépenses généralement faites ?

81) Que veut dire l'acronyme SMIC ? Peut-on dire que l'employeur détermine le montant du SMIC pour ses salariés ?

fait, le rêve des entrepreneurs est que les salaires baissent encore et encore. Tout au moins les cotisations sociales patronales qui y sont attachées. Ils parlent en l'occurrence de coût du travail. Mais leur façon de voir est contestée par les gens de gauche. Car pour ces derniers, le travail ne serait pas un coût, mais plutôt un investissement. Et puis ces cotisations représenteraient un salaire différé pour le salarié en vérité mal payé ([82]).

85. – Encore que diverses mesures favorables avaient quand même été prises par le gouvernement de François HOLLANDE (CICE, par exemple). Les divers gouvernements d'Emmanuel MACRON auront par la suite eux aussi œuvré dans le même sens favorable au monde des affaires. Leurs impôts ont été énormément baissés ; même s'ils demeurent excessifs par rapport aux prélèvements obligatoires qui sont payables dans d'autres pays. Pour les gens de gauche, il s'agit alors de cadeaux faits aux riches. Ils oublient apparemment que le chômage aura enfin reflué en France grâce à ces mesures de compétitivité ([83]).

86. – D'un point de vue économique, les entreprises ont paradoxalement intérêt à ce que les salariés du pays soient correctement payés. Car, d'une part, ceux-ci peuvent alors fièrement obtenir les biens et services nécessaires à leur bien-être. Au fond, des salariés sans souci de fin de mois s'épanouissent plus harmonieusement au travail ; ils s'en acquittent donc mieux. D'autre part, les achats et commandes

---

82) Pourquoi les gens de gauche sont-ils favorables aux cotisations sociales patronales ? Qui prétend que le travail ne serait pas un coût, mais plutôt un investissement ?

83) Quel président de la République a mis en place le CICE au profit des entreprises ? Qu'est-ce que, presqu'en caricaturant, les gens de gauche pensent des diminutions d'impôts au profit des entreprises ?

de tels salariés, alors clients, boostent l'activité des entreprises productrices ou prestataires de service, lesquelles peuvent ainsi vendre davantage et réaliser plus de profits ([84]).

87. – Comme cas concret sur le nécessaire respect du SMIC, il y a cette histoire d'un footballeur professionnel de la société Stade brestois. Il gagnait initialement 14.000 euros par mois. Cependant, à cause d'une pathologie (sans rapport avec sa pratique du football), il avait fallu mettre fin à sa carrière sportive. Or, selon une obligation légale (de reclassement), l'employeur devait lui trouver un nouveau poste de travail ; une activité nouvelle naturellement compatible avec son nouvel état de santé. Hélas, les postes (ou d'éducateur, ou de secrétaire) trouvés pour son reclassement n'étaient rémunérés qu'à 1200 € par mois ; soit moins que le SMIC. Le joueur les a refusés ; car il toucherait désormais moins que le dixième du salaire qu'il avait jusque-là ([85]).

88. – Dans cette affaire du footballeur brestois, la maladie empêchait le salarié de continuer son activité (de départ). D'un autre côté, son reclassement était apparu impossible. Aussi la société a-t-elle cru remplir les deux conditions pour procéder à un licenciement pour inaptitude. Devant la cour d'appel de Rennes (24 mai 2011), le footballeur a perdu le procès qui s'en était suivi. En revanche, la Cour de cassation aura jugé que « *l'employeur n'avait pas exécuté loyalement son obligation de reclassement* ». Pourquoi ? Car (aura poursuivi la Cour suprême en droit privé) : « *la rémunération afférente aux*

---

84) Quel intérêt pour les entreprises d'avoir des travailleurs bien rémunérés ?

85) L'obligation de reclassement pesant sur l'employeur concerne-t-elle seulement la maladie professionnelle ou aussi la maladie ordinaire ? Quelle condition logique doit remplir le nouveau poste offert au travailleur bénéficiaire d'un r reclassement à la suite d'une maladie ?

*deux postes de reclassement proposés au sein du club était inférieure au SMIC* » (Soc., 5 décembre 2012) (86).

89. – Dans une autre affaire, le directeur de l'établissement "CHAMPION" (lequel est exploité à Marines, Val- d'Oise) avait été condamné par la cour d'appel de Versailles (17 mai 2010). Une condamnation, au versement d'une amende, du chef de paiement de salaires inférieurs au SMIC. Par ailleurs, dans cette affaire, la Cour de cassation aura admis la reconnaissance d'un rappel de salaires ; en complément. Il convenait en effet d'atteindre le SMIC ; tant pour l'avenir que pour le passé de la relation de travail (Crim., 15 février 2011). En l'occurrence, il y avait eu violation du Code du travail (art. L. 3231-1 et s., R. 3233-1 et D. 3231-6) (87).

Le salariat classique et sa rémunération.

90. – Certaines situations rémunératoires sont à la frontière du salariat véritable. Car il n'y aura pas eu de contrat de travail. Leur non-appartenance à ce monde contractuelle s'explique plus encore par le fait que les deux conditions essentielles du contrat de travail ne se retrouvent pas, en même temps, dans ces situations contiguës. Première condition : le salarié doit exécuter la tâche prévue en sachant qu'il lui faut se conformer aux ordres précis de son employeur. Par conséquent, au sein

---

86) Quelle condition financière doit remplir le poste proposé à un salarié à reclasser ? Quel droit est reconnu à l'employeur dont le salarié malade ou devenu infirme ne peut occuper le nouveau poste qui lui est trouvé ? Quand le licenciement pour inaptitude est-il légalement envisageable ?

87) Quel double risque financier pèse sur l'employeur qui pratique des rémunérations inférieures au SMIC ? Combien au moins devra payer l'employeur qui, pendant une année entière, aura versé à son salarié 1100 €, alors que le SMIC était 1300 € ?

de l'entreprise, il ne saurait avoir le dernier mot ; même pas sur le plan technique et éthique ([88]).

91. – Seconde condition : les résultats positifs de l'activité, de même que les conséquences négatives de cette activité, notamment la réparation d'éventuels préjudices, doivent seulement concerner le patrimoine du donneur d'ordres. Le salarié n'est pas directement concerné par la réalisation de profits ou par l'enregistrement de pertes par son partenaire ; même modeste leur salaire est régulier. Sinon l'employeur commet une contravention punissable d'une amende de troisième classe (450 €, quintuplés à l'encontre d'une personne morale). Le dirigeant social (mandataire social) n'a pas la certitude d'une rémunération mensuelle, ni la garantie du minimum constitué par le SMIC. En fait, les fondateurs ne se versent pas de salaire durant les premières années de leur entreprise. Ils espèrent néanmoins ensuite se rattraper ([89]).

92. – Au regard des deux critères précédents (indépendance ou autonomie et rémunération indifférente aux aléas de l'employeur), le membre d'une profession libérale n'est jamais vraiment un salarié. Sans doute en est-il ainsi pour l'avocat, le médecin, le kinésithérapeute, l'expert-comptable, etc. Selon le cas, l'on caractérise leur rémunération (de non-salarié) au moyen du terme commission ; ou bien grâce à celui d'honoraires. Une commission ou des honoraires se calculant

---

88) Combien de conditions au moins caractérisent l'existence d'un contrat de travail ? Que dire de l'existence du contrat de travail lorsque le travailleur a le droit d'avoir le dernier mot face à son employeur ?

89) Pourquoi le fondateur d'entreprise consent-il parfois à travailler quasi-gratuitement ? Combien un employeur (personne morale) risque-t-il comme amende en cas de non-paiement du salaire ? Que peut faire le mandataire social dont la rémunération n'atteint nullement le SMIC ? Qui dans l'entreprise (d'entre les dirigeants et les salariés) sont protégés par le droit au SMIC et par le droit au versement régulier de la rémunération ?

en général sur la base du nombre d'actes effectués ; ou bien sur la base du chiffre d'affaires (5 à 10%) ([90]).

L'acompte ou l'avance sur salaire

93. – Depuis la mise en place effective de la mensualisation en janvier 1978, les salaires sont versés à la fin du mois ; un mois considéré comme ayant 30 jours. Or le travailleur pourrait vouloir percevoir au moins une partie de sa rémunération avant cette échéance habituelle. Un tel paiement anticipé porte deux noms possibles et opposés : l'avance ou bien l'acompte. Sachant que chacun relève d'un régime juridique (causes et effets) différent. Par exemple, un salarié peut vouloir percevoir 15 jours de son salaire avant la fin du mois ; c'est d'ailleurs le maximum légalement admissible ([91]).

94. – En supposant une rémunération journalière de 100 €, le paiement maximal possible serait 1400€. Logiquement, si la demande est par exemple faite le 20 du mois, l'employeur devrait pouvoir y répondre favorablement. Car le salarié aura déjà travaillé pendant cette durée, et en méritera déjà rémunération. Le paiement anticipé alors fait au travailleur s'appelle un acompte. La Cour de cassation ajouterait plus précisément qu'il s'agit alors de payer une créance certaine, liquide et exigible (Cass. Soc., 7 mai 1987). Attention, ce terme

---

90) Quels deux membres de profession libérale peut-on rencontrer ? Quelle dénomination est généralement retenue pour désigner la rémunération des membres d'une profession libérale ?

91) Quelle est la durée d'un mois en matière de salaire ? Depuis quand le salaire est-il versé mensuellement en France ? Combien de jours au maximum peuvent faire l'objet d'un paiement anticipé en matière de salaire ? Quelles sont les deux appellations possibles mais opposés d'un paiement d'avance du salaire ?

acompte se rencontre aussi dans le contrat d'entreprise (BTP) et dans le contrat de vente ([92]).

95. – En revanche, si avant la date mensuelle de paiement l'employeur verse de l'argent à un salarié pour des jours où ce dernier n'aura pas encore travaillé, cette avance méritera justement le nom d'avance. Manifestement, l'on sera dans ce cadre de l'avance de salaire si la demande est faite en tout début de mois. Ainsi, le travailleur qui, le 10 du mois, perçoit la moitié de son salaire mensuelle reçoit aussi cinq jours de la rémunération d'un travail futur. Dès lors, la somme ainsi transmise par l'employeur appellera la qualification de d'acompte pour les 10 premiers jours du mois, et la qualification d'avance pour les cinq autres. L'on pourrait même penser à un prêt non remboursable, ou plutôt d'un prêt remboursable par compensation. En effet, la dette salariale de l'employeur s'annulera avec l'avance déjà faite au salarié pour les cinq jours ([93]).

96. – Un vrai prêt, pur et simple, s'envisage aussi de la part de l'employeur au profit de son salarié. Et le montant en cause sera peut-être supérieur à celui de deux mois de salaires. Bien entendu, un échéancier sera établi pour savoir combien le salarié remboursera progressivement. En pratique, une compensation (juridique et/ou comptable) se fera entre, d'une part la créance de salaire (pour le travail effectué au profit de l'employeur), et d'autre part la mensualité de remboursement convenue. Mais le salarié ne décaissera pas d'argent de son

---

92) L'employeur sera-t-il davantage favorable à faire une avance ou plutôt à faire un acompte au salarié ? Comment s'appelle le paiement anticipé du salaire pour des jours déjà travaillés par le salarié ? Quels trois adjectifs sont joignables à la créance d'acompte selon la Cour de cassation ?

93) Est-ce dans le cadre de l'acompte, ou dans celui de l'avance, que l'on peut parler de prêt et de compensation ? Quelle qualification juridique pour le paiement anticipé 12 jours, dont la moitié seulement auront été travaillés ?

patrimoine pour le remettre à l'employeur. Autrement dit, la compensation résultera d'un versement patronal moindre au salarié ; durant un certain temps. Ce salarié subira donc des retenues sur salaire. Quand tel est le cas, la règle est que (sauf volonté contraire expresse du salarié), il ne faut retenir que le dixième du salaire à la fois ([94]).

### *§ 2. – La rémunération de travailleurs particuliers*

Le travail dissimulé

98. – Il arrive qu'un employeur ne respecte pas les règles de droit quant au recrutement de personnel correctement payé. Peut-être qu'il est obnubilé par le désir de faire des économies et/ou d'augmenter sa marge bénéficiaire. Autrement dit, en vue de réaliser des économies de salaires il fera éventuellement appel à la force de travail de parents et amis. La raison est que ceux-ci voudront bien donner gratuitement un coup de pouce. Ou bien ils se contenteront d'une somme modique, voire d'un petit avantage en nature. Le problème est qu'il s'agit alors de travail dissimulé (du travail au noir). Or c'est un délit pénal puni de peines d'emprisonnement et d'amende. D'avoir fait travailler des étrangers en situation irrégulière est un délit supplémentaire pour que ces étrangers eux ne seront pas punis ; sans compter que l'employeur devra quand même les payer ([95]).

---

94) Par quel mot juridique et comptable rend-on compte de l'extinction ou de la réduction d'une dette parce que l'employeur et le salarié sont créancier l'un de l'autre ? Peut-on dire que la compensation entre deux dettes résulte du versement d'une somme entre les deux partenaires ?

95) Quelle est la qualification juridique du recours à de la main-d'œuvre amie non-déclarée ? Pourquoi un entrepreneur peut-il être tenté de faire appel à la force de travail de parents ou d'amis ? De quelle façon, par exemple, l'appât du gain ou la perspective d'économies, font-ils commettre une

99. – En cas de travail dissimulé, l'URSSAF est bien fondée à dénoncer un semblable manquement fautif qui aboutit à la priver de cotisations patronales. Or celles-ci (avec celles des travailleurs) se révèlent indispensables au financement de la Sécurité sociale. D'un autre côté, les concurrents de l'entreprise (cachotière et/ou délinquante) seront légitimes à se plaindre d'un dumping social de sa part. Car eux continueront à supporter honnêtement et stoïquement les charges salariales et sociales utiles à la collectivité ([96]).

100. – Au fond, l'économie espérée par l'entrepreneur fraudant l'URSSAF (c'est-à-dire le paiement des cotisations patronales) se transformera probablement en une dépense supplémentaire pour lui. Il s'agira, à son encontre, d'un rappel de cotisations sociales (augmentées de pénalités de retard), ainsi que d'une amende pénale (pour travail dissimulé). Pire, l'un de ses prétendus bénévoles saisira peut-être la justice pour y clamer que « *tout travail mérite salaire* ». Les sommes qui lui seront alors éventuellement reconnues même pour le passé font songer au mécanisme du salaire différé, lequel joue dans les successions héréditaires ([97]).

Le salaire différé

---

infraction pénale à des entrepreneurs ? Employer (en connaissance de cause) des étrangers sans papier représente-t-il un délit ou plutôt deux ? Qu'advient-il de la rémunération promise au travailleur sans papier lorsque l'administration découvre la situation de l'intéressé ?

96) Dans quelle hypothèse, par exemple, une entreprise pourrait accuser sa concurrente de faire du dumping social ? Qui est pénalisé (et doit réclamer des sous) en cas de travail dissimulé ? A quoi servent les cotisations patronales ?

97) En quoi l'économie attendue du recours au travail dissimulé peut-elle en définitive se muer en dépense supplémentaire ? Qu'est-ce que l'entrepreneur aidé par des amis ou des parents devrait craindre de leur part ? Dans quel cadre le mécanisme du salaire différé joue-t-il habituellement ?

## Causes volontaires (et dénominations) des paiements

101. – Dans une affaire, et prenant la suite de la cour d'appel de Caen (4 novembre 2014), la Cour de cassation (Cass. civ. 1, 13 juillet 2016) a reconnu le salaire différé à un homme. C'était un fils ayant toujours aidé au fonctionnement de l'exploitation familiale. En l'espèce, la gratuité filiale se sera révélée trompeuse ; elle se sera retournée contre l'entrepreneur. L'ironie de la situation est que ce dernier aurait sans doute pu recruter un étranger à la famille. Or celui-ci aurait pu être plus compétent et d'un salaire abordable. Mais le chef de famille n'aura pas imaginé qu'un jour il faudrait payer des sommes pour la prestation apparemment bénévole du fils (98).

102. – En pratique, des héritiers contestent le droit de leur cohéritier à percevoir un salaire différé. Parce qu'il s'agit d'un paiement prioritaire au profit de celui-ci ; c'est-à-dire avant le partage égalitaire entre tous les héritiers. L'héritage à répartir s'en retrouve moindre. Voici une illustration pénétrante. En l'espèce, une mère (l'exploitante agricole) avait cédé à son fils une partie de ses terres et bâtiments, en paiement du salaire différé. La remise d'un bien à la place d'une somme d'argent, dans le but de payer une dette, s'appelle une dation en paiement (donner en paiement). Mais pour la prise en compte d'un contrat (de travail) à salaire différé, plusieurs constatations notariales avaient été faites (99).

---

98) Qu'encourt financièrement l'entrepreneur qui ne se dit nullement (à l'origine) que ses bénévoles lui réclameront des salaires un jour ? Pourquoi le recrutement d'étrangers à la famille est-il peut-être une précaution raisonnable ?

99) Pourquoi les cohéritiers sont-ils rarement favorablement à la reconnaissance d'un ou plusieurs salaires différés ? Comment le juriste appelle-t-il la remise d'un bien à la place d'une somme d'argent, dans le but de payer une dette ?

103. – Plus précisément, le notaire aura bel et bien mentionné (ainsi que le veut la loi) que : l'enfant bénéficiaire (majeur) avait participé directement et effectivement à l'exploitation agricole et que, sans du tout être associé, il n'aura point perçu de rémunération en contrepartie de la mise à disposition de sa force de travail. Ses cinq frères et sœurs auront alors perdu le procès intenté contre lui (et la succession de leur défunte mère). Le rappel de salaire ne va pas cependant au-delà de 10 années. Sa formule de calcul est la suivante : [(Smic horaire brut x 2080 x 2/3) x nbre années]. Si l'enfant a travaillé durant 6 années et qu'il demande son paiement en 2026 où le SMIC est de 12,02 €, il obtiendra 100.006,73 € ([100]).

Les mandataires sociaux et les professions libérales

Les mandataires sociaux

104. – Les mandataires sociaux (les gérants et les administrateurs d'entreprises) perçoivent une contrepartie patrimoniale qui ne devrait pas porter le nom de salaire ; tant il est parfois variable. L'idée est que, à leur rémunération de base (dont le versement est certain), s'ajoutent divers compléments matériels ou financiers. Par exemple, pour la participation aux conseils d'administration (de la société anonyme), il y a ce que naguère l'on appelait des jetons de présence. Le montant (mensuel ou annuel) dû aux administrateurs de sociétés est par conséquent généralement variable. Du reste, il est librement fixé chaque année par les

100) Que répondre au cohéritier qui était associé des parents dans une entreprise qui lui aura rapporté peu de dividende et qui demanderait dorénavant un salaire différé ? A qui est-il exigé d'avoir participé directement et effectivement à l'exploitation de l'entreprise familiale ? Le titulaire du contrat à salaire différé recevra-t-il le maximum d'argent en ayant travaillé 5 ans, 10 ans ou 15 ans ?

intéressés eux-mêmes ; certes, sous le contrôle de l'assemblée générale de la société ([101]).

105. – Les administrateurs de société bénéficient par ailleurs d'un avantage semblable à l'indemnité de licenciement prévue pour les salariés. En effet, en cas de licenciement (ou de départ à la retraite), tout salarié (dont le contrat de travail s'exécute depuis 8 mois déjà) a systématiquement droit à une prime légale de licenciement. Le montant de celle-ci est d'autant plus élevé que ce salarié (qui n'aura commis ni faute lourde, ni faute grave) était ancien dans l'entreprise. Il y a en l'occurrence application d'un barème baptisé barème Macron, avec un minimum et un maximum de salaires bruts à percevoir. Ce barème offre visibilité et certitude à l'employeur et au salarié sur les montants en jeu ([102]).

106. – En revanche, un dirigeant social ne dispose pas de cette protection légale. Heureusement pour lui, lorsqu'il quitte l'entreprise, il perçoit la somme qu'il aura négociée dès le départ ; c'est-à-dire lors de son entrée en fonction. C'est le fameux parachute doré, lequel s'élève parfois à des millions d'euros. Les sommes ainsi prévues doivent être versées aux dirigeants en question même quand leur management aura été plutôt désastreux. Il est vrai que dans l'intervalle, la part variable de leur rémunération, celle fonction de la

---

101) Pourquoi dit-on que la rémunération des dirigeants sociaux est variable ? Peut-on dire que le droit à l'obtention de jetons de présence conduit à une moindre rémunération des dirigeants sociaux ? Qui fixe la rémunération des dirigeants sociaux ?

102) Quel est l'intérêt du barème Macron en cas de départ involontaire du salarié de son emploi ? A quelle condition de moralité ou d'honnêteté le travailleur peut-il prétendre à une indemnité de licenciement ? Quelle est l'ancienneté minimale pour prétendre à une indemnité de licenciement ?

performance de l'entreprise, ne leur aura pas été versée ; tout au moins pas souvent ([103]).

107. – D'un autre côté, à son arrivée dans l'entreprise, le dirigeant reçoit parfois des actions de la société ; en témoignage de bienvenue. Ce manager sera ainsi amené à toucher des dividendes en cas de réalisation de bénéfices (grâce à son implication). Bien entendu, malgré un important chiffre d'affaires (les ventes), une entreprise en vérité être déficitaire. Et sa liquidation judiciaire pourrait être envisageable. En tous cas, plus la performance de l'entreprise sera grande, plus les revenus de porteurs d'actions seront importants. Parmi ceux-ci, il y a parfois des salariés. Sans compter que (grâce au Général de Gaulle) il existe aussi, tant la participation, que l'intéressement, aux succès de l'entreprise ([104]).

108. – Contrairement à leurs salariés, les dirigeants sociaux ne bénéficient presque pas de la protection sociale. La conséquence est qu'ils doivent financièrement se prendre en charge eux-mêmes (ou par des assurances adéquates) en cas de perte de leur emploi (maladie, licenciement, retraite). Encore une fois, dans ces cas malheureux, le salarié a l'avantage de percevoir des indemnités versées par la Sécurité sociale ([105]).

---

103) Sur la base de la loi ou bien du contrat qu'un dirigeant d'entreprise perçoit son indemnité de départ, son parachute doré ? Quels travailleurs d'entreprises connaissent des années à l'avance le montant de leur indemnité de départ ? Pourquoi parle-t-on certainement de parachute doré pour le dirigeant social quittant l'entreprise ?

104) Qui aura eu l'idée d'une portion des bénéfices aux salariés, grâce aux mécanismes de la participation et de l'intéressement ? Pourquoi est-il faux de penser que le chiffre d'affaire de l'entreprise étant très élevé, ses actionnaires perçoivent forcément des (gros) dividendes ? Comment justifier l'octroi d'actions au nouveau dirigeant de l'entreprise ?

105) Quel avantage le simple salarié privé d'emploi a-t-il son dirigeant social tombé dans la même galère ? Pourquoi, malgré l'existence d'une protection

**Causes volontaires (et dénominations) des paiements**

Les membres des professions libérales

109. – Les honoraires constituent la somme due au membre d'une profession libérale par leurs clients ; par exemple à un avocat, à un médecin, à un expert-comptable. Le Code de commerce prévoit les tarifs réglementés applicables aux prestations de quelques professionnels. Ils ne jouissent donc pas (pour les actes ainsi répertoriés) de la liberté de fixation des prix ; une liberté advenue aux agents économiques en 1986. Cela concerne : les commissaires de justice ; les greffiers de tribunal de commerce ; les administrateurs judiciaires ; les mandataires judiciaires ; les notaires. À la place du terme honoraire, leur rémunération peut aussi être appelée émoluments ([106]).

110. – Au contraire, d'autres actes des membres de ces professions libérales laissent davantage de latitude dans la fixation de la somme réclamée au client pour le service qui lui aura été rendu. À cet égard, aux termes du Code de commerce, « *les honoraires rémunérant ces prestations tiennent compte, selon les usages, de la situation de fortune du client, de la difficulté de l'affaire, des frais exposés par les professionnels concernés, de leur notoriété et des diligences de ceux-ci* ». Parmi les membres des professions libérales, ce sont les experts-comptables et les avocats qui jouissent le plus de la liberté des prix. Encore que des actions en réduction d'honoraires soient

---

sociale généralisée, les dirigeants d'entreprise se prennent-ils une assurance contre la perte d'emploi ?

106) Quels trois professionnels, par exemple, ne bénéficient pas de la liberté des prix pour l'ensemble de leurs actes ? Depuis quand les agents économiques jouissent-ils du droit de fixer les prix à leur guise ? Quel Code détermine les professionnels et leurs actes exclus de la liberté des prix ?

possibles devant l'ordre professionnel compétent ; la justice pouvant intervenir en second rideau ([107]).

Le commissionnaire, le courtier, le VRP et l'agent commercial

111. – Il existe par ailleurs des professionnels dont le nom (de commissionnaire) rappelle incontestablement le type de rémunération qu'ils perçoivent. Ces derniers œuvrent principalement dans les domaines de l'achat, de la vente, et du transport. Ils se comportent en intermédiaires entre des agents économiques qu'eux seuls connaissent. Cela veut dire que les intéressés eux-mêmes, par exemple l'acheteur et le vendeur, ignorent l'identité l'un de l'autre. Une confusion est alors à craindre entre le courtier, le VRP et l'agent commercial ([108]).

112. –En fait, le courtier se contente de rapprocher deux entreprises qui ensuite négocieront et signeront leur contrat elles-mêmes. On a vu que le commissionnaire agit dans le dos des parties intéressées, lesquels ne se connaitront sans doute jamais. Pour sa part, l'agent commercial conclut pour autrui ; mais en précisant pour qui il œuvre ; c'est un mandataire. Quant au VRP (Voyageur Représentant Placier), il est un salarié qui voyage pour présenter les produits de son employeur auprès d'entreprises chez lesquelles il les place en vue d'une commercialisation. La commission à laquelle il a droit est calculée proportionnellement à sa contribution

107) Les honoraires de quels deux professionnels, par exemple, sont fixés en tenant compte de la fortune du client et de la notoriété de ces professionnels eux-mêmes ? Auprès de qui peut-on se plaindre des honoraires excessifs exigés par un avocat ?

108) Quelle est la dénomination de la rémunération d'un commissionnaire ? Dans quel domaine par exemple le commissionnaire exerce ? Comment s'appelle l'intermédiaire du monde des affaires qui agit pour deux cocontractants qui ne se connaissent pas du tout ?

commerciale. Cette commission se rajoute à sa rémunération fixe ([109]).

## Section 2. – Les sommes accessoires de la rémunération

### *§ 1. – Les primes, les pourboires et les étrennes.*

113. – Parfois, au salaire s'adjoignent des primes, des pourboires et des étrennes. En droit social, la prime est une somme que l'employeur rajoute au salaire brut qui est dû au salarié. Elle peut être justifiée de plusieurs façons possibles : la performance ; l'ancienneté ; etc. Un contentieux classique entre salariés et employeurs porte sur la question suivante : cet avantage qu'est la prime doit-il être considéré comme passager, ou plutôt comme un avantage permanent, c'est-à-dire dont le versement doit se poursuivre sur le long terme ? Dans la seconde hypothèse (permanence), le salarié serait juridiquement fondé à l'exiger si jamais l'employeur s'y dérobait dorénavant ([110]).

114. – En bonne logique, l'appel au droit et à la justice (en cas de divergence opposant le salarié et l'employeur) suppose qu'une solution amiable n'aura pu être trouvée entre eux. Relativement à une prime, le litige viendra généralement du fait que celle-ci n'aura pas été versée au plaignant ; pour une raison plus ou moins acceptable (suppression, discrimination,

---

109) Avec quels trois professionnels le commissionnaire risque parfois d'être confondu ? Qui d'entre le VRP et l'agent commercial est certainement un salarié ? Quel nom porte le professionnel rapproche deux personnes (peut-être des sociétés) pour qu'elles puissent passer un contrat ?

110) Quel type de prime le travailleur a-t-il le droit de réclamer la continuation du versement ? Sur quels deux fondements, par exemple, l'employeur pourrait-il instituer une prime ? En dehors d'une prime qu'est-ce quelle somme pourrait se rajouter au salaire brut ?

sanction, etc.). Et pourtant, le versement d'une prime ne constitue une obligation légale, pour l'employeur, que si trois conditions sont réunies en même temps ([111]).

115. – Le premier critère de la prime obligatoire est que celle-ci ai été versée régulièrement durant un certain temps ; une périodicité pouvant être le mois, le trimestre, etc. En second lieu, la prime à considérer comme obligatoire doit être générale ; c'est-à-dire ouverte à tous les salariés d'une catégorie donnée ; à défaut d'être versée à l'ensemble du personnel de cette entreprise. On peut parler d'universalité, ou tout au moins de généralité de la prime. Troisième et dernière composantes de la prime obligatoire : sa fixité. L'idée est que sa méthode de calcul doit être connue ([112]).

116. – La prime qui remplit cumulativement ces trois conditions est obligatoire ; elle ne saurait être supprimée du jour au lendemain par l'employeur. Celui-ci devra attendre une période raisonnable de préavis. De sorte que la prime sera encore due au moins une fois après la date d'énoncé de sa suppression. Naturellement, la prime dont il est ainsi question est celle que l'employeur aura unilatéralement mise en place. Car il n'a pas de pouvoir unilatéral sur une prime prévue par la loi, par une convention collective, ou même par un accord d'entreprise ([113]).

---

111) Combien de conditions (de critères) le droit prévoit-il à propos d'une prime obligatoire ? En bonne logique, quand l'employeur et le salarié sont-ils conduits à songer au droit et à la justice ?

112) À quoi vous songer ces trois éléments : régularité, fixité, généralité (ou universalité) ? Une prime qui n'est versée qu'à une catégorie professionnelle peut-elle être jugée comme étant générale, universelle ?

113) À quelles deux conditions un employeur peut-il mettre fin au versement d'une prime ? Que faut-il répondre à l'employeur désireux de mettre fin au versement d'une prime qu'il avait instituée depuis des années ? Que penser de la décision d'un employeur de ne plus appliquer, après un préavis, une prime prévue par la convention collective ?

## Causes volontaires (et dénominations) des paiements

117. – Grosso modo, le pourboire est une somme d'argent versée au personnel d'un certain type d'entreprises, en plus du prix normalement dû. Un versement plus ou moins obligatoire s'agissant de ce rajout. C'est essentiellement dans les cafés, les restaurants et les casinos qu'on rencontre les pourboires. Leur paiement est certainement volontaire lorsqu'un client glisse une pièce dans la main du serveur, ou quand il la lui laisse sur la table ou sur le comptoir. En revanche, le pourboire est obligatoire à l'égard du client (puis de l'employeur) lorsqu'il est intégré dans l'addition. C'est le fameux « *service compris* » ([114]).

118. – Dans le cadre du pourboire obligatoire, les sommes correspondantes sont centralisées (dans sa caisse) par l'employeur. Elles bénéficient ensuite aux seuls employés en contact avec la clientèle (barmen, serveurs, croupiers, etc.). Oui, les autres salariés en sont exclus ; même quand ils contribuent aussi au contentement des clients. Il est évident que les clients d'un restaurant y retournent surtout pour la qualité de la cuisine. Et pourtant le cuisinier ne saurait recevoir une part des pourboires obligatoires. Pourquoi ? Parce qu'il n'est pas en contact avec la clientèle ([115]).

---

114) Quels deux types de pourboires peut-on distinguer ? Qu'est le type de pourboires exprimé dans l'expression « service compris » ? Dans quels trois types d'établissements commerciaux parle-t-on volontiers de pourboires ? Quels deux types de salariés, par exemple, ont-ils droit au bénéfice de pourboires ?

115) Comment justifier l'exclusion du cuisinier du bénéfice d'une portion des pourboires obligatoires ? Quels pourboires faut-il regarder comme obligatoires à l'égard des clients ? Dans quels deux types d'établissements, par exemple, le personnel bénéficie-t-il de pourboires ? Quel est le critère (la condition) à remplir pour le salarié prétendant à une part des pourboires obligatoires ?

119. – Autre curiosité : un salarié pourrait n'être rémunéré qu'au moyen de pourboires. Mais encore faut-il qu'en les totalisant, leur montant atteigne le SMIC. Sinon, il reviendrait à l'employeur de verser un complément. En vérité, le salarié perçoit généralement une base fixe ensuite complétée par les pourboires. Même réflexion à propos des étrennes. Plus précisément, les étrennes sont un cadeau de fin d'année à destination du personnel de maison, du facteur, des éboueurs, etc. Cela étant, au gré de la générosité des bienfaiteurs, les étrennes et les pourboires peuvent en définitive représenter un treizième mois de rémunération pour le salarié. C'est manifestement la disponibilité, ou l'efficacité, ou la bonhomie des salariés en question qui est récompensée ([116]).

120. – Toutefois, certains employeurs interdisent à leurs personnels d'accepter des cadeaux. C'est vrai que le salarié voulant se montrer agréable risquera peut-être un jour de trop en dire sur son employeur, ou bien sur un client de l'entreprise. Le cas échéant, il commettrait probablement le délit de violation du secret professionnel (un an d'emprisonnement et 15.000€ d'amende). Pire, l'appât du gain conduira parfois un salarié à se compromettre dans un délit de corruption passive. Concrètement, ce salarié s'abstiendra ou agira contrairement à ses missions. Pour quel motif ? En vue d'un avantage patrimonial qu'il sait pourtant illégal et pénalement punissable (cinq d'emprisonnement et 75.000€ d'amende) ([117]).

---

116) Comment peut-on justifier le versement spontané ou volontaire de pourboires à des salariés ? Quelles deux différences peut-on identifier entre les étrennes et les pourboires ? Quelle ressemblance y a-t-il entre les étrennes et les pourboires ?

117) Qu'est-ce qui le plus sévèrement sanctionné entre la violation du secret professionnel et la corruption passive ? Pourquoi quelques employeurs sont réticents à voir leurs personnels accepter des cadeaux de clients ?

121. – Dans ces deux cas d'infractions (violation du secret professionnelle et corruption passive), l'employeur décidera éventuellement de ne point poursuivre le salarié coupable devant le tribunal correctionnel. Néanmoins, il lui restera loisible de le licencier pour faute lourde. En effet, ce salarié aura sans doute violé deux clauses presque toujours mentionnées dans les contrats de travail : l'obligation de discrétion et de confidentialité ; l'obligation de loyauté). Or le salarié sera fautif en parlant à tort et à travers de la vie ou des procédés de l'entreprise, surtout contre argent ([118]).

### *§ 2. – La prime d'assiduité, de participation et autres*

123. – La prime d'assiduité ou prime de présence rémunère le salarié qui est régulièrement présent. C'est une incitation financière que l'on imagine volontiers dans le secteur privé, mais qui se retrouve parfois dans des services publics. Néanmoins, la mise en place d'une prime visant à motiver le travailleur à se déplacer pour aller effectuer les tâches pour lesquelles il aura été recruté surprend et désole à la fois ; d'un point de vue philosophique ou culturel. Encore que l'ANACT (l'Agence Nationale pour l'Amélioration des Conditions de Travail) s'en émeut à peine. Pour elle, « *cette mesure permet dans certains cas de réduire les absences ponctuelles* » (119).

124. – À cet égard, la cour d'appel de Lyon avait rappelé (dans un arrêt confirmatif) que la prime d'assiduité « *est destinée à*

---

118) Que peut faire l'employeur à la place ou en plus d'une plainte contre le salarié auteur d'une faute lourde ? En dehors de la loi pénale qui commande le silence des travailleurs sur leurs activités, quelle éventuelle clause du contrat de travail ira dans le même sens ?

119) Que veut dire l'ANACT ? Dans quelle mesure la prime d'assiduité est-elle critiquable ou surprenante ?

*récompenser la présence régulière du salarié* ». Dès lors, avait-elle poursuivi, « *rien n'explique que Monsieur X... n'ait pas perçu cette prime pour la période d'août à octobre 2004 alors que ses bulletins de paye ne font apparaître aucune absence pour quelque cause que ce soit* ». Il convenait donc de la lui attribuer. Du reste, la loi oblige à considérer quelques absences précises (réunions syndicales, congés familiaux, etc.) comme relevant du temps effectif de travail. C'est par conséquent de la discrimination punissable que de priver les travailleurs relevant de ces catégories spécifiques de tout ou partie de la prime d'assiduité (120).

125. – Le problème est que presque tous les travailleurs absentéistes admettent mal leur exclusion du bénéfice de la prime de présence. Pourtant la Cour de cassation (09 mai 1962) avait déjà jugé, dans l'affaire SA PETROSYNTHÈSE que l'employeur avait « *la possibilité de tenir compte dans cette attribution [de la prime d'assiduité] du profit qu'il estimait pouvoir retirer de la continuité de la présence de ses salariés* ». En conséquence de quoi, avait-elle conclu, un salarié ne saurait se plaindre de s'en trouver privé entièrement ou partiellement, alors qu'il ne remplirait pas, « *par suite de ses absences les conditions stipulées en contrepartie de l'avantage institué par son employeur en sus du salaire proprement dit pour récompenser une activité profitable à l'entreprise* » (121).

126. – Qu'elle soit versée en fin d'année, ou selon une périodicité plus courte, une prime doit se rajouter au salaire et non pas s'y substituer. La Cour de cassation (04 février 2015) a

---

120) Peut-on dire que la jurisprudence considère parfois comme normal qu'un travailleur sans la moindre absence ne perçoive pas la prime d'assiduité ? Est-il vrai que certains absentéistes ont quand même droit à la prime de présence ou d'assiduité ?

121) Qui définit les critères de bénéfice de la prime d'assiduité ? Pourquoi l'employeur met-il en place une prime de présence ou d'assiduité ?

notamment réaffirmé la raison d'être de la prime d'assiduité et de la prime d'ancienneté. Une raison qui fait que ces primes ne s'intègrent jamais au SMIC, pour ensuite donner l'impression de l'atteindre. Car « *les primes [...] ne rémunèrent pas le travail du salarié, mais [...] sont liées à sa présence ou à son ancienneté dans l'entreprise* » (122).

127. – La prime de participation. Dans les organismes qui ont vocation à faire des bénéfices et qui, dans l'année en ont réalisés, leurs travailleurs de tous niveaux perçoivent une part de ces bénéfices. On parle en l'occurrence de participation aux résultats. Évidemment, les personnels des lycées, des hôpitaux, des préfectures ou des ministères, par exemple, n'en bénéficient jamais. Pourquoi ? Parce que ces employeurs publics n'ont point pour finalité de faire du profit. Ils fonctionnent même plutôt à perte, leur déficit augmentant parfois d'années en années. D'où la lancinante question de la dette française ([123]).

128. – Du moment qu'un exercice comptable s'est révélé positif (excédentaire), les bénéfices peuvent échoir aux apporteurs de capitaux (dividendes), de même qu'aux salariés et à que certains mandataires sociaux (prime de participation). En gros, les bénéfices de l'année sont répartis en deux parts inégales ; la plus grosses pour les associés et/ou les actionnaires, la plus petite pour les personnels ayant permis

---

122) Pourquoi la Cour de cassation dit-elle que les primes d'assiduité ne rémunèrent pas le travail du salarié ? Peut-on dire que le SMIC est atteint (respecté) du moment qu'il est largement dépassé grâce aux primes, notamment la prime de présence ?

123) Quelle est la condition minimale, condition de départ, pour que des primes de participation soient envisageables dans une structure ? Est-ce une part du chiffre d'affaires ou plutôt une portion des bénéfices dont jouissent parfois les travailleurs ? Comment s'explique, au moins en partie, la dette française ?

la création de richesses au sein de l'entreprise. Cette seconde portion des bénéfices s'appelle la réserve spéciale de participation (RSP). Sa répartition peut être égalitaire, chacun recevant la même somme que l'autre comme prime. Ou bien la détermination de celle-ci sera proportionnelle : à l'ancienneté dans l'emploi ; aux charges de famille ; au salaire mensuel ; etc. ([124]).

129. – La loi prévoit une méthode de calcul des sommes auxquels les bénéficiaires de la participation peuvent prétendre. Mais l'employeur pourrait préférer utiliser une méthode plus généreuse pour ses personnels. La générosité patronale est cependant limitée par la loi. De sorte que la prime de participation ne saurait dépasser un plafond fixé (par le législateur) au regard des indemnités possibles de la Sécurité sociale. Pour l'année 2025, le plafond à respecter aura été la somme de 35.325 €. Ce maximum annuel n'est qu'apparemment faible, car les intéressés perçoivent déjà mensuellement un salaire, et ils ont aussi droit à des dividendes s'ils possèdent des titres (des parts ou des actions) de l'entreprise qui les emploie. En outre, d'autres primes (d'assiduité, d'intéressement, etc.) existent, de même que des avantages en nature ([125]).

---

124) Comment s'appellent les bénéfices distribués aux actionnaires et/ou aux associés ? Quelle est l'appellation des bénéfices servis aux travailleurs ? En matière de portion des bénéfices aux salariés, que faut-il entendre par l'abréviation RPS ? La répartition de la réserve spéciale de participation se fait elle de façon égalitaire, de façon proportionnelle, ou bien différemment ?

125) Puisque la loi indique comment calculer la prime de participation, l'employeur peut-il quand même procéder autrement ? Quel est (environ) le montant maximum d'une prime de participation pour l'année 2025 ? Le travailleur déjà bénéficiaire de la prime de participation peut-il quand même prétendre à d'autres primes ?

## Causes volontaires (et dénominations) des paiements

130. – La prime de participation est variable d'une année sur l'autre, ne serait-ce que parce que les bénéfices de l'entreprise varient et que son résultat de l'année peut parfois être déficitaire. De plus, seules les entreprises dont l'effectif dépasse 50 salariés sont tenues de penser au versement de la prime de participation ; les employeurs plus modestes ne la versent que si elles le veulent bien. De plus, cette prime n'est pas destinée à être immédiatement remise à ses bénéficiaires. C'est normalement une épargne plus ou moins forcée à laquelle le législateur aura souhaité en faveur de travailleurs financièrement incapables de thésauriser. L'idée est qu'elle devrait rester bloquée pendant une durée plus moins longue (3 à 8 ans) ; notamment pour que les intéressés échappent à certains prélèvements obligatoires. Le déblocage anticipé est néanmoins envisageable ; avec un certain risque fiscal et social ([126]).

131. – La prime d'intéressement. Les organismes du secteur concurrentiel peuvent motiver davantage leurs personnels au moyen de sommes d'argent. Elles sont susceptibles d'être perçues au cas d'atteinte d'objectifs prédéterminés. C'est la prime d'intéressement, laquelle est donc un intéressement à la performance de l'entreprise. Même si cette prime semble être jumelle de la prime de participation, sa mise en place n'est cette fois-ci pas du tout obligatoire. Ainsi, dans deux entreprises d'effectif équivalent, l'on trouvera la prime d'intéressement dans l'une, mais pas dans l'autre. Mieux, une entreprise d'une douzaine de travailleurs pourrait avoir

---

126) Pourquoi peut-on soutenir que la prime de participation est une prime variable ? En dessous de quel effectif une entreprise a-t-elle le droit de ne pas instituer de prime de participation ? Quelle destination prioritaire le législateur avait-il songé pour la prime de participation ? Pourquoi le travailleur devrait-il attendrait la durée prévue par la loi avant de songer à dépenser sa prime de participation ?

institué une prime d'intéressement qui n'existerait pas encore dans une entreprise comprenant une centaine de salariés ([127]).

132. – Dans notre société moderne, les clients sont incités à donner une note aux prestations de service et aux diligences des professionnels avec lesquels ils traitent. En conséquence de quoi ceux-ci peuvent obtenir de nouveaux clients et une gratification de la part de l'employeur. Plus généralement, les délais de réponse, le niveau de satisfaction des clients, la réalisation d'un projet, fondent le calcul de cette prime. Les notes inférieures ou égales à 8/10 sont rédhibitoires, catastrophiques. Cela étant, par souci de simplicité et d'égalité, chacun des employés pourrait percevoir une somme identique. Toutefois, l'égalité (voire l'égalitarisme) décourage parfois les plus méritants. Aussi d'autres critères sont-ils utilisables par l'employeur ; au point d'aboutir à une répartition proportionnelle de la réserve constituée au titre de l'intéressement. En pratique les critères retenus l'ancienneté ou le niveau de salaire déjà reconnu à chacun ([128]).

133. – Pour l'année 2025, la loi interdit que le montant de cette prime d'intéressement dépasse 35.325 €, c'est-à-dire 75 % du plafond annuel de la Sécurité sociale. D'ailleurs, l'ensemble

127) Qu'est-ce qui, d'entre la prime d'intéressement et la prime de participation, pourrait être due alors que l'entreprise serait déficitaire ? Si une entreprise de moins de 100 salariés est opposée à l'existence de la prime d'intéressement et de la prime de participation, laquelle pourrait-il alors impunément ignoré ? Si une entreprise de moins de 40 salariés est opposée à l'existence de la prime d'intéressement et de la prime de participation, laquelle pourrait-il ne pas mettre en place ?

128) Peut-on dire que les critères d'attribution de la prime d'intéressement sont fondamentalement différents de ceux de la prime de participation ? Quelle modalité de répartition des primes est retenue lorsque ce n'est pas la proportionnalité ? Les notes des clients sur l'entreprise (et ses employés) pénalisent-elles le montant de la prime d'intéressement ou plutôt celui de la prime de participation ?

des primes ne doit pas dépasser 20 % des salaires versés par l'entreprise. La règle protège directement les salariés car ils éviteront dès lors de compter en priorité sur l'intéressement (qui est aléatoire) s'agissant du financement de leur vie quotidienne et de leurs investissement et épargnes. Ils doivent logiquement chercher à se négocier un bon salaire. D'un autre côté, la Sécurité sociale est financée grâce aux prélèvements sociaux, dont certains reposent sur les salaires. Or les entreprises sont dispensées de cotisations patronales lors du versement des primes d'intéressement ([129]).

129) Quel montant un salarié aura-t-il perçu en ayant (cumulativement) droit au montant maximal de la prime d'intéressement et de la prime d'intéressement ? Pourquoi le salarié devrait-il davantage pouvoir compter sur son salaire plutôt que sur les primes (de participation, d'intéressement, etc.) ? Que faut-il penser des primes de participation et des primes d'intéressement du point de vue de la Sécurité sociale ?

## Partie 2. - Les paiements sans avantage apparent.

140. – Les entreprises s'adonnent de plus en plus au mécénat, sans volonté apparente de s'enrichir. Il y a ainsi une volonté libérale de leur part. Concrètement, elles consacrent une partie de leur argent à des causes humanitaires, environnementales, sportives, artistiques ou culturelles. Cette générosité des sociétés commerciales peut étonner ; car elles vivent essentiellement pour réaliser des profits. Sans compter que, selon le principe de spécialité, les actes de la société sont nuls s'ils s'écartent de son objet social, c'est-à-dire de la raison pour laquelle la société aura été créée ([130]).

141. – En pratique, si dans quelques cas une libéralité cachera probablement des calculs, c'est-à-dire des arrière-pensées de lucre, elle s'avérera souvent désintéressée (A). D'un autre côté, aussi bien les individus que les entreprises ont besoin d'actions et/ou de biens de l'Administration pour leur propre activité. Dans beaucoup d'esprits, la gratuité serait inhérente à tous les services publics. D'où de la perplexité face à l'exigence d'une redevance en contrepartie de leur bénéfice. Ce serait comme qui dirait payer un avantage normalement gratuit. En tous cas, la multiplication des cas de paiement d'une redevance témoigne du recul de la gratuité généralisée des services publics (B) ([131]).

---

130) En vertu de quel principe une société doit-elle se limiter aux opérations pour lesquelles elle aura été fondée ? Pourquoi la volonté libérale d'une société commerciale apparaît-elle surprenante ? Par quel mot peut-on rendre compte de l'implication libérale et bienveillante d'une société dans la charité ou l'écologie ou le sport ?

131) Peut-on parler de recul ou au contraire de recrudescence de la gratuité dans les services publics ? Dès lors que le service rendu par une administration n'est pas gratuit, comment sans doute s'appellera le

# Chapitre 1. – Les paiements issus d'une intention libérale

## Section 1. – L'intention libérale dans un contrat.

### *§ 1. – L'intention libérale en général et la donation.*

142. – L'intention libérale (ou volonté libérale) consiste en la décision libre d'octroyer un avantage gratuit à un tiers. Comme illustration d'une semblable libéralité l'on peut indiquer le fait de s'abstenir de recouvrer sa créance jusqu'à ce qu'elle finisse par se prescrire ; ou bien le fait d'accorder tout simplement une remise de dette au débiteur. Cette prescription libératoire (ou prescription extinctive) ainsi que la remise de dette enrichissent leur bénéficiaire, lequel économise en effet une dépense qu'il devait normalement supporter. Son enrichissement est plus visiblement encore s'il bénéficie d'une ristourne commerciale, d'une donation ou d'un don manuel ([132]).

143. – L'intention libérale peut sembler douteuse chez l'organisateur d'un jeu-concours ou d'une loterie commerciale (bien entendu sans obligation). Car c'est une opération publicitaire dont l'organisateur espère l'augmentation de ses ventes et, donc, des profits plus grands. Naturellement, il faudrait un maximum de personnes qui en parlent en s'investissent pour décrocher les lots gagnants. Cela étant, le commerçant doit respecter le règlement qu'il aura préalablement diffusé. Les juristes disent qu'il s'agit de sa

---

paiement à effectuer en contrepartie ? Qu'est-ce qui, d'entre les trois mots désintéressement, lucre et libéralité, est l'intrus ?

132) Comment s'appelle la situation où il est devenu trop tard pour exiger le paiement de sa créance ? Quel est le synonyme de la prescription extinctive ? Comment s'appelle le fait pour un créancier de dire à son débiteur qu'il n'aura finalement pas à payer la dette ? En cas de prescription libératoire ou de remise de dette, qui s'enrichit, et qui s'appauvrit quasiment ? Quelle expression est-elle utilisable comme synonyme de volonté libérale ?

part d'un engagement unilatéral. La Cour de cassation et le Code civil ensuite indiquent qu'il n'a pas le droit de se rétracter et qu'il doit assumer son engagement de délivrer les lots promis. Peu importe que les chanceux gagnants n'aient peut-être pas fait d'effort particulier pour mériter leur gain ([133]).

144. – La solidarité familiale qui existe logiquement entre les membres d'une famille amène parfois les juges à présumer l'intention libérale chez l'auteur du transfert patrimonial. Du moins s'il n'est pas clair que le transfert litigieux était un prêt plutôt qu'un don manuel. Par exemple, un homme a procédé à l'édification de deux bâtiments sur le terrain appartenant à une société civile immobilière (une SCI) ; sans contrat préalable entre eux. Une société dont ses deux filles étaient les associées. Cet homme n'en a pas moins demandé à la SCI de lui payer (rembourser) la somme de 361.704,65€ qui représentaient les dépenses faites. Or ses filles ont prétendu qu'il y avait intention libérale de sa part. C'est-à-dire que ce sont leurs liens familiaux qui lui auraient dicté les constructions litigieuses. Elles ont obtenu gain de cause devant la Cour de cassation (Civ. 1, 30 avril 2014), comme déjà devant la cour d'appel de Caen (29 février 2012) ([134]).

---

133) Qui affirme que le commerçant organisateur d'un jeu concours doit forcément remettre aux gagnants les cadeaux prévus ? Pourquoi pourrait-on douter de l'existence d'une intention libérale de la part du commerçant promettant des cadeaux au participant de son jeu gratuit ? Peut-on dire que le commerçant organisateur d'un jeu-concours sans obligation d'achat peut librement se rétracter ?

134) Qu'est-ce qui fait parfois présumer l'intention libérale dans les relations au sein d'une famille ? Avec quel autre contrat gratuit le don manuel peut-il être confondu ? Que risque-t-il d'être répondu (en droit des libéralités) à un père qui ayant construit un bâtiment sur le terrain de son enfant réclamerait le prix de cette construction ?

La donation

145. – Dans cet ordre d'idées, on se rappellera l'histoire de ce couple de concubins ayant acquis un immeuble, en prévoyant qu'ils en seraient propriétaires à parité. Pourtant, la femme avait peu contribué : ses chèques s'étaient révélés sans provision. A la fin de leurs amours, et donc à l'heure du partage, l'homme a entendu refuser à son ex-concubine une part égale à la sienne propre. La justice lui a donné tort en se fondant sur le concept d'intention libérale. En effet, comme *« il ressortait des énonciations de l'acte authentique d'acquisition que, nonobstant la différence existant entre leurs apports respectifs à la date de leur achat, M. X... et Mme Y... avaient voulu fixer à égalité leurs droits et obligations dans l'indivision créée, la cour d'appel [d'Aix-en-Provence], [...] en a, à bon droit, déduit que celui-ci ne pouvait revenir sur l'intention libérale dont il avait alors fait preuve à l'égard de sa compagne lors de l'acquisition* » (Civ. 1ère, 10 juillet 2013).

146. – En cas de donation-partage de leurs parts et actions de sociétés à leurs enfants (c'est le partage d'ascendant), les parents peuvent seulement donner une partie de leur droit de propriété sur ces titres. En effet, un propriétaire dispose de trois prérogatives sur sa chose : le droit de l'utiliser (c'est l'usus) ; le droit d'en tirer des loyers ou des intérêts (c'est le fructus) ; le droit de s'en débarrasser par vente ou par donation (c'est l'abusus). Au lieu qu'ils attendent l'héritage, les enfants savent déjà chacun les parts et actions de quelles sociétés ils auront droit à la mort des parents. Pour l'heure, eux-mêmes en percevront les dividendes si ces sociétés réalisent des bénéfices. Ils sont usufruitiers des titres qu'ils auront donnés ; ils en conserveront l'usus et le fructus. Toutefois, ils ne pourront plus les vendre ou les donner, car à l'issue de la donation-partage les enfants en seront devenus les nus-propriétaires. C'est-à-dire des propriétaires qui ne

bénéficient pas encore des avantages économiques inhérents aux biens reçus en héritage anticipé. Cependant, si une société est liquidée et que les fonds de la vente aux enchères de ses biens permettent de payer aussi les titulaires des parts ou des actions, ce sont les nus-propriétaires qui percevront les sommes correspondantes (le boni de liquidation). C'est encore les nus-propriétaires qui profiteront des dividendes qui, au lieu d'être légitimement encaissés par les usufruitiers, auront été mis en réserves.

147. – Comme le don manuel fait rarement l'objet d'un écrit (contrairement à la donation notariée), des doutes s'élèvent parfois sur sa réalité (et sa légalité). En effet, la volonté libérale du donateur est contestée par les parents du donateur ou par celui-ci lui-même. Ils soutiennent soit qu'il y aura eu abus de faiblesse contre le donateur, soit qu'il y aurait un malentendu sur le caractère définitif du transfert patrimonial. L'idée est qu'il s'agirait plutôt d'une opération devant se terminer par un remboursement ; par exemple, un prêt. Le procès qui alors s'ensuit consiste à départager deux paroles opposées : celle du bénéficiaire et celle du donateur prétendu (ou des siens). Or, pour obtenir gain de cause en justice, en particulier pour les questions d'argent, il faut convaincre les juges avec des documents écrits et, quelquefois, au moyen de témoignages. Lorsque le montant en jeu atteint 1500€, des simples témoignages ne sauraient suffire à l'encontre d'un particulier (contrats civils) : il faut une preuve écrite. Cette référence à l'importance des sommes réclamées n'existe pas à l'encontre d'un commerçant ou d'une société (contrats commerciaux). Car la preuve est libre en matière commerciale ; on y admet la preuve par tous moyens. Cependant, la preuve rapportée ne doit pas être déloyale (caméra cachée, filature, etc.) ou illégale (obtenue par viol, par violation du secret des correspondances, etc.). A ce niveau, il

faut préciser que certains professionnels (les membres des professions libérales) sont auteurs de contrats civils (et non pas de contrats commerciaux). Par conséquent, à leur encontre aussi, la preuve n'est pas libre. Mais, qu'il s'agisse de prouver un contrat ou un fait juridique tel qu'un accident, l'aveu et le serment décisoire sont admis. Ils concurrenceraient donc la preuve écrite s'ils ne survenaient pas si rarement.

148. – Pour terminer avec la preuve du don manuel, pensons aux salariés parfois poursuivis pour vol parce qu'ils emportent (s'approprient) des pièces et produits défectueux. En effet, une benne ou une poubelle, de même que leur contenu, sont une propriété (privée), sauf sur la voie publique ou sur un terrain vague. Une simple tolérance du patron ne saurait être analysée en l'octroi d'un droit d'emporter ses déchets. Surtout qu'il sera même difficile de prouver que ce patron était au courant et laissait donc généreusement les choses se passer de la sorte. En l'absence de remise de la main à la main ou à la suite d'une indication expresse, il sera impossible de parler de don manuel ; au mieux, le salarié ne pourra invoquer que la tolérance de l'employeur.

149. – Continuons avec l'intérêt d'un écrit pour prouver son bon droit. Que décider si une personne demande le remboursement d'une somme de 3000€ (par exemple), reçue par une seconde personne, à l'issue d'un virement ou d'une remise de chèque ? Le juge saisi doit-il donner à l'opération la qualification juridique de prêt (remboursable) ou plutôt la qualification de don manuel (irrévocable) ? Selon la Cour de cassation (Cass. civ. 1, 23 janvier 1996), « la preuve de la remise de fonds à une personne ne suffit pas à justifier l'obligation pour celle-ci de restituer la somme qu'elle a reçue ». Pourquoi ? Parce que cette remise peut représenter un prêt d'argent, ou bien une libéralité, ou encore le paiement

d'une dette antérieure. Encore une fois, la somme en jeu étant supérieure à 1500€ (pour un contrat civil), il faut prouver au moyen d'un document écrit explicite. L'écrit insuffisamment convaincant sera considéré comme une demi-preuve à compléter ; on parle alors de commencement de preuve par écrit.

150. – A cet égard, la solution judiciaire sera-t-elle favorable au justiciable qui aura présenté un reçu signé par son adversaire à qui il exigerait le remboursement ? Pas forcément : effectivement, il faut que ce document soit clairement identifiable comme un prêt ou un dépôt, et donc comme remboursable. La cour suprême (Cass. civ. 1, 28 février 1995) a ainsi jugé que le billet, par lequel une personne reconnaît avoir reçu une somme d'argent, n'est qu'un commencement de preuve par écrit. Un commencement de preuve à compléter par d'autres preuves (des témoignages, un écrit supplémentaire, etc.). Dès lors, celui qui a remis les fonds doit être débouté de sa demande en remboursement s'il se révèle incapable de prouver, par n'importe quel moyen légal, que la somme avait vocation à être restituée. Conclusion : il faut écrire le sens à donner au transfert de fonds effectué au profit de quelqu'un : transfert temporaire ( = prêt) ou transfert définitif ( = don manuel). Le contrat notarié, qui renferme les donations proprement dites, préserve du moindre doute à cet égard.

151. – Souvent, pour éviter que le Trésor public tire le moindre avantage du bienfait envisagé au profit d'un tiers, le bienfaiteur se rabat vers l'assurance-vie au profit de ce tiers bénéficiaire. La démarche n'est pas couronnée de succès si les circonstances de fait rappellent trop une donation (immédiate et définitive). Dans une autre affaire, la Cour de cassation a jugé « qu'un contrat d'assurance-vie peut être requalifié en

donation si les circonstances dans lesquelles son bénéficiaire a été désigné révèlent la volonté du souscripteur de se dépouiller de manière irrévocable » (Ch. Mixte, 21 décembre 2007). L'idée est que, dans une assurance-vie, le souscripteur doit conserver la possibilité de se faire rembourser (c'est le rachat) et la possibilité de modifier l'identité du bénéficiaire. Or, en l'espèce, cette alternative n'existait certainement pas : le souscripteur était gravement malade et a d'ailleurs décédé trois jours après la désignation du (nouveau) bénéficiaire. Toujours pour se dérober au Fisc, certains individus créent une société, particulièrement une SCI (société civile immobilière). Car transmettre de son vivant un immeuble à ses futurs héritiers, même en nue-propriété seulement, revient plus cher que leur partager les parts de la SCI que l'on aura décidé de mettre en place. Néanmoins, l'homme d'affaires (ou tout individu) ne doit pas ici agir à la légère ; pas davantage en s'engageant unilatéralement à remettre un gain à l'occasion d'une loterie commerciale.

### *§ 2. – Le don manuel et la ristourne*

152. – En présence d'un contrat écrit, et de surcroît par devant notaire, l'avantage gratuit résulte alors véritablement d'un contrat de donation. Ce sont les juges qui, en l'absence de texte, ont admis la validité des dons manuels en droit français. Car initialement, le législateur avait pensé que donner étant grave et surprenant, il fallait un notaire qui s'assure que le donateur était bien sain d'esprit. D'ailleurs, « *le devoir d'information et de conseil du notaire ne se limite pas à s'assurer de l'intégrité du consentement du donateur au regard de l'erreur ou du dol* » (Cass. civ. 1, 12 mai 2016). A ce propos, chacun sait que si le donataire accepte la donation qui lui est faite, le donateur devient débiteur : il a l'obligation de verser la somme promise. Dès lors, si la donation a été faite par chèque, et que ce chèque se révèle sans provision, le

bénéficiaire (qui serait ingrat et/ou impitoyable) se le fera payer par saisie puis vente aux enchères de quelques biens du donateur imprudent.

153. – Une promesse de donner ne constitue nullement le don manuel. Il n'importe pas à cet égard que les objets concernés aient pu être inventoriés d'un commun accord entre le bienfaiteur prétendu et le bénéficiaire putatif. Car d'après la Cour de cassation : « *le don manuel n'a d'existence que par la tradition réelle [transmission, remise] que fait le donateur de la chose donnée, effectuée dans des conditions telles qu'elle assure la dépossession définitive et irrévocable de celui-ci* » (Cass. civ. 1, 10 octobre 2012) ([135]).

154. – Attention : « *les biens incorporels ne sont pas susceptibles de faire l'objet d'un don manuel, lequel exige une tradition [remise, transmission] matérielle* » (Cass. civ. 1, 4 novembre 2015). Le fonds de commerce ne peut donc être donné dans le cadre d'un don manuel, puisqu'il est une propriété incorporelle née d'une fiction juridique. Le fonds de commerce ne doit pas être confondu avec le local commercial, lequel est physique, matériel, corporel ; c'est un bien immeuble. La transmission d'un fonds de commerce, ou d'un brevet, ou de droits d'auteurs, exige par conséquent une donation véritable (un acte notarié) ([136]).

---

135) Quel terme pourrait-on utiliser à la place du mot juridique tradition ? Quel mot utilisé dans la définition du don manuel montre que le donateur ne saurait se rétracter par la suite ? Que penser d'un don manuel fait pour quelque temps ?

136) Pourquoi le fonds de commerce est-il insusceptible de faire l'objet d'un don manuel ? Pourquoi le local commercial est plus de nature (que le fonds de commerce) de faire l'objet d'un don manuel ? Quels deux biens incorporels pouvez-vous citer ?

155. – Qu'il s'agisse d'un don manuel ou d'une donation, le bénéficiaire de l'avantage gratuit doit le signaler au service des impôts. Ce donataire en laissera alors une petite part au Trésor public. En l'espèce l'impôt s'appelle le droit de mutation. Par exemple, « *l'administration fiscale, à la suite d'une vérification de comptabilité, a mis en demeure l'association Shambhala (l'association) de déclarer des dons manuels provenant de ses membres* » (Cass. com., 6 décembre 2016). Sauf quand il s'agit d'une association d'intérêt général. À cet égard, entre parents, il y a exonération des droits dus ; mais dans la limite d'un plafond défini (chaque année) par le parlement. Ce plafond est souvent moitié plus faible s'agissant d'étrangers à la famille ([137]).

*La ristourne*

156. – Par volonté commerciale de fidéliser sa clientèle, et donc de solidifier la relation qui existe avec un client, un fournisseur peut lui accorder une ristourne. Cela signifie qu'il lui rétrocédera une partie des sommes déjà perçues pour des marchandises ou pour des prestations de service. Habituellement, le client ainsi gratifié est un distributeur, un détaillant. Tout compte fait, ce dernier aura obtenu son avantage économique à un prix plus bas que le montant d'abord indiqué sur la facture.

157. – Toutefois, cette faveur ne plaira probablement pas aux concurrents de ce bénéficiaire. Surtout s'ils se fournissent chez le même producteur. Ils parleront alors de

137) Comment s'appelle la dette d'un donataire envers le fisc informé de l'avantage reçu ? Quelle obligation pèse sur tout bénéficiaire d'un don manuel ou d'une donation ? Quel type d'association semble moins exposé aux droits de mutation en conséquence d'une donation ou d'un don manuel ?

discrimination. Sachant que pour la Cour de cassation : « *la discrimination est le fait pour une entreprise de pratiquer ou d'obtenir à l'égard d'un partenaire économique des prix, des délais de paiement, des conditions de vente ou d'achat différents, sans justification par des contreparties réelles, de ceux négociés avec des concurrents du partenaire, créant de ce fait un désavantage ou un avantage dans la concurrence pour ce dernier* » (Cass. com., 29 janvier 2008).

158. – Pour ne pas subir une condamnation pénale pour discrimination, le fournisseur auteur de la ristourne entendra probablement s'abriter derrière diverses justifications défendables. La justification de la ristourne se trouve souvent dans le contrat-cadre liant producteur et clients, c'est-à-dire le fournisseur et les détaillants. Logiquement, pour bénéficier de la ristourne, il conviendrait de remplir les conditions prévues dans ce document. La condition la plus fréquente et la plus logique aussi est la ponctualité dans l'acquittement des factures de livraison. La question s'est alors posée de savoir si l'avantage doit plus précisément être accordé en fonction d'une impression générale sur le dossier du client, ou bien s'il fallait raisonner en examinant chacune de ses factures de la période.

159. – La Cour de cassation penche pour une ristourne au cas par cas ; chaque facture payée à temps lui en ouvrant un droit plus ou moins grand. Sa jurisprudence a été établie à l'occasion d'un procès entre une pharmacie (de Mayotte) et son grossiste. En l'espèce, la ristourne espérée avait été refusée au pharmacien par son grossiste. À raison, ont pensé les premiers juges saisis de l'affaire. Car il payait habituellement ses factures avec retard. Néanmoins, aura décidé la Cour de cassation, ces juges auraient dû « *rechercher si la pharmacie n'avait pas réglé certaines factures dans des délais de nature à*

*justifier l'octroi des remises considérées* » (Com., 24 novembre 2009).

## Section 2. - La libéralité par engagement unilatéral.

### *§ 1. - Le gain du jeu-concours et l'obligation morale*

170. – Il arrive qu'une personne physique ou morale promette un gain à toute personne réalisant une certaine prouesse ou se retrouvant dans une certaine situation. On parle de récompense, de prime, de gros lot, ou de gain, pour caractériser l'avantage ainsi promis. Juridiquement parlant, il ne s'agit pas tout à fait d'une situation contractuelle entre le promettant et le gagnant. C'est en effet un engagement unilatéral de la part de l'organisateur du jeu ou de la loterie commerciale. Autrefois, dans le Far West américain, l'on a connu les chasseurs de primes qui pourchassaient des criminels en vue d'une rémunération. Aujourd'hui, la somme pourrait être promise à la personne retrouvant et rapportant une chose perdue ou volée. Néanmoins, l'hypothèse du commerçant qui organise une manifestation promotionnelle est le cas plus courant de survenance d'un engagement unilatéral ([138]).

171. – Il est parfois arrivé que le commerçant organisateur du jeu refuse ensuite de délivrer le gain promis. Cette attitude est illégale. Avant l'adoption d'une loi en ce sens, la jurisprudence obligeait déjà les organisateurs à honorer leurs promesses. Par exemple, la société Délices et gourmandises avait envoyé une lettre indiquant à deux dames qu'une loterie publicitaire les désignait comme ayant gagné 9000 euros. Parce qu'elle

---

138) Quels synonymes sont utilisables pour le gros lot ? Les jeux-concours relèvent-il de la catégorie des obligations bilatérales ou plutôt des obligations unilatérales ?

n'avait pas versé spontanément la somme en question, cette société aura fini par se faire condamner à la payer (Colmar, 4 novembre 2013). Comme à son habitude, la Cour de cassation aura maintenu la condamnation (Civ. 1ère, 19 mars 2015). Elle aura par ailleurs précisé que les gagnants n'ont pas à devoir renvoyer de bon de participation à l'organisateur ([139]).

172. – L'obligation naturelle est celle que la morale nous commande de satisfaire, mais que la loi nous laisse libre d'exécuter ou non. Car ce n'est pas une obligation civile ; c'est-à-dire obligatoire. Par exemple, celui qui a versé des intérêts convenus, mais non mentionnés par écrit dans le contrat de prêt, n'a pas d'action en remboursement contre le prêteur qui les a perçus. Oui, aucune action en justice ne pourra être utilement entreprise pour en obtenir le remboursement. Il n'empêche que le prêteur pourrait spontanément les rendre, parce que sa morale l'y pousserSection 1. C'est une sorte de devoir de conscience ([140]).

173. – Il n'empêche que ses autres créanciers, encore impayés, s'y opposeront peut-être. Car il semble inacceptable de procéder à des paiements libres lorsque des paiements obligatoires demeurent en souffrance. L'action en justice de ces créanciers (jaloux et mécontents) pourrait être l'action paulienne, laquelle est destinée à parer aux fraudes ourdies par le

---

139) Que se passera-t-il pour le gagnant d'un jeu-concours s'il n'avait pas renvoyé le bon de participation ? Quelle est la position de la jurisprudence quand l'organisateur d'une loterie commerciale décide de ne pas remettre les lots aux gagnants ?

140) Comment le droit appelle-t-il l'obligation qu'un individu est libre de satisfaire ou au contraire d'ignorer ? Quel est l'opposé d'une obligation morale ? Quel est le type d'obligation qui pèse sur le prêteur qui a reçu des intérêts non écrits dans le contrat de prêt, quoiqu'ils étaient discutés et admis par les deux parties ?

débiteur avec des tiers au détriment de créanciers en attente de paiement ([141]).

174. – De même, le créancier perd son droit d'exiger le paiement quand le délai de prescription est désormais écoulé. Celui-ci est généralement de cinq ans. Mais le délai de la prescription extinctive (ou prescription libératoire) peut être plus court ; tel en matière d'assurance. En effet, lit-on dans le Code correspondant : « *Toutes actions dérivant d'un contrat d'assurance sont prescrites par deux ans à compter de l'événement qui y donne naissance. Par exception, les actions dérivant d'un contrat d'assurance relatives à des dommages résultant de mouvements de terrain consécutifs à la sécheresse-réhydratation des sols, reconnus comme une catastrophe naturelle [...], sont prescrites par cinq ans à compter de l'événement qui y donne naissance* ». Même s'il est vrai que l'assureur n'aura plus alors d'obligation civile envers son assuré, il pourrait quand même l'indemniser. Car il pèse sur ce professionnel une obligation morale, une obligation naturelle ([142]).

175. – D'un autre côté, promettre à quelqu'un à qui l'on ne doit (quasiment) rien de l'indemniser rend le promettant débiteur de l'indemnisation ainsi promise. Par exemple un client avait commandé un véhicule automobile auprès de la société Waksy. Or la livraison n'aura pu avoir lieu. Aussi cet acheteur

---

141) L'action paulienne s'envisage-t-elle surtout à la suite du paiement d'une dette relevant de l'obligation morale ou plutôt d'une obligation civile ? Qu'aura certainement fait un débiteur pour qu'il soit passé à l'action paulienne ? Quelle action est offerte aux créanciers pour que le débiteur ne les sacrifie pas au profit d'autres créanciers ?

142) Quelle est classiquement la durée de prescription ? Quelle est la durée du délai de prescription en matière d'assurance ? Quelle est le délai de prescription lorsque les dommages résultent d'une catastrophe naturelle ? Quand peut-on dire qu'il y a une obligation morale d'indemnisation de la part d'un assureur ?

a-t-il assigné le gérant de la société, à titre personnel ; non pas pour obtenir la livraison, mais plutôt des dommages-intérêts. Il se trouve que le gérant en question, qui avait promis de l'indemniser, se refusait désormais à faire face à cette obligation. Certes, celle-ci devrait logiquement peser sur la société elle-même. La cour d'appel de Douai (25 octobre 2010) a été de cet avis du gérant ; d'autant plus que son engagement n'aura été que verbal. Pourtant, la Cour de cassation (17 octobre 2012) a estimé que de tels motifs étaient « *impropres à écarter l'existence d'une obligation naturelle* ». En d'autres termes, il était envisageable de le faire payer ([143]).

176. – Certaines obligations naturelles ont été promues par la loi en obligation civile. C'est-à-dire qu'il est devenu possible que le juge les constate, de façon qu'un commissaire de justice procède éventuellement à des saisies à l'encontre du débiteur. Par exemple, il est naturel d'aider ses proches qui seraient dans le besoin : pensions alimentaires ou aliments. Néanmoins beaucoup d'individus méconnaissent cette obligation morale. À cet égard, les tantes, les cousins, les sœurs et les oncles peuvent impunément s'en détourner. En revanche, la loi oblige la ligne directe de parenté à la fourniture d'une aide, et réciproquement. Sont ainsi astreints : les pères, les mères, les enfants et les grands-parents ([144]).

---

143) L'engagement unilatéral pris verbalement a-t-il la même valeur contraignante que l'engagement unilatéral écrit ? En cas de préjudice subi par un client, le débiteur de l'indemnisation était-il la société ou bien son gérant ? Quand un gérant pourrait-il avoir à indemniser un client qui n'aura pu être livré par sa société ?

144) Quelle obligation pèse sur des parents en ligne directe ? Pour quels parents par exemple, le paiement d'une pension alimentaire est une obligation civile ? Pour quels parents, notamment, le paiement d'une pension alimentaire reste une simple obligation morale ? En droit, qu'est-

### *§ 2. – Le cautionnement de la dette d'autrui*

180. – Le contrat à titre gratuit est celui dans lequel l'une des deux parties contractantes procure à l'autre un avantage sans en attendre de contrepartie directe. Cela pourrait être le cas du prêt fait à une personne physique ou morale notoirement insolvable ; surtout quand le prêteur sait à l'avance qu'il ne récupérera rien. Selon un tel curieux esprit, pour masquer ses profits (au Fisc ou à d'autres), une société filiale pourrait ainsi prêter à sa société-mère, ou l'inverse. Ce pourrait également être le cas où le cautionnement est donné pour la dette d'une personne manifestement incapable de rembourser. D'emblée, le débiteur, le créancier et la caution sauront que ce sera à cette dernière de payer ([145]).

181. – La personne qui se porte garante du paiement de la dette d'autrui (la caution, ~~et non pas le caution~~) a originellement une obligation de couverture. Celle-ci représente le maximum auquel elle devra faire face si le débiteur lui-même ne payait pas. Par exemple, un banquier peut accorder à une entreprise une ouverture de crédit pour la somme de 30.000 euros que la caution s'oblige à payer éventuellement. Si finalement l'entreprise dépense 31.000 €, la caution ne répondra que du plafond constitué par l'obligation de couverture. Si l'entreprise n'a dépensé que 18.000 €, la charge de la caution se limitera à cette somme. Bien entendu, à supposer que le débiteur ait déjà payé une partie de sa dette, la caution ne sera tenue que

---

ce qu'il y a de plus contraignant entre les obligations morales et les obligations civiles ?

145) Comment est qualifié un contrat dans lequel il est convenu que l'une des parties bénéficiera d'un avantage et l'autre d'aucun ? Quelle dénomination pourrait-on donner (en droit des libéralités) à un prêt convenu comme non-récupérable ?

pour la différence. Celle-ci constituera son obligation de règlement [146].

182. – Une distinction similaire est à faire entre les coobligés solidaires d'une obligation contractuelle (ou entre les coobligés in solidum, les coresponsables d'un préjudice). L'idée est que leur obligation à la dette s'y oppose à leur contribution à la dette. En pratique, parce que les codébiteurs solidaires ont chacun une obligation à la dette, le créancier commun pourra exiger à n'importe lequel d'entre eux l'intégralité de cette dette. Il n'a donc pas à procéder à de nombreux recours en paiement. Cela étant, grâce au principe de la contribution à la dette, le codébiteur qui a ainsi payé pour tous dispose du droit de se faire rembourser. Son action en justice porte l'appellation d'action récursoire et, en plus, dans quelques cas, l'appellation de recours subrogatoire [147].

183. – Ainsi donc, en matière de marchés publics, l'Administration accepte quelquefois de payer d'avance un pourcentage du prix des travaux ou des livraisons. Cependant, par crainte de la défaillance de son cocontractant, l'Administration lui exige la constitution d'une garantie du remboursement éventuel. Alors, une somme est bloquée dans un compte, pour assurer

---

146) En pur droit, comment doit-on appeler la personne qui s'engage à payer la dette du débiteur s'il se révélait défaillant ? Qu'est-ce qui est connu à l'avance entre l'obligation de règlement et l'obligation de couverture ? Du point de vue économique, vaut-il mieux faire face à une obligation de couverture ou plutôt à une obligation de règlement ?

147) Quel principe est-il un avantage pour le codébiteur solidaire (qui a payé), d'entre l'obligation à la dette et la contribution à la dette ? Quel principe juridique protège le créancier de plusieurs codébiteurs solidaires ? Comment s'appelle le recours exercé contre la personne à cause de laquelle (ou pour laquelle) l'on aura eu à payer ? Qui est protégé par le principe de l'obligation à la dette ? Qui est protège le principe de la contribution à la dette ?

cette garantie, laquelle est dénommée caution ou cautionnement. Parfois, l'on parle aussi de consignation (148).

184. – Remettre à l'avance une somme au créancier craignant le mauvais comportement de son partenaire se rencontre aussi dans les relations entre personnes privées. Ainsi, le bailleur d'un logement ou d'un local commercial exigera une caution. Il sera question d'une provision s'agissant d'un procès en indemnisation. La personne condamnée pourrait devoir déjà payé tout ou partie des dommages-intérêts, malgré l'appel qu'elle aura interjeté. Curieusement, le gagnant (provisoire) d'un procès peut devoir également verser une provision. Il bloquera quasiment la somme reçue du débiteur. On s'y perd en définitive. Heureusement, un banquier peut s'engager et éviter aux intéressés de bloquer d'énormes sommes. Sans doute ce professionnel n'interviendra-t-il pas gratuitement (149).

185. – Dans une affaire, il se trouve qu'une SCI HLM (La Seimaroise) avait confié à la société Novabat l'exécution de travaux (construction de logements collectifs, de caves et d'un parc de stationnement). Juridiquement parlant, La SCI Seimaroise était le maître de l'ouvrage, tandis que la société Novabat était le maître d'œuvre. Avant le début des travaux, cette dernière avait versé un acompte de 10 % ; soit la somme de 784.257,05 francs. Néanmoins, par précaution, elle avait exigé un cautionnement bancaire, lequel aura été offert par la Banque populaire de la région Nord de Paris.

148) En matière de marchés publics, quel est le synonyme d'une consignation ? Quelle précaution est prise par l'Administration payant d'avance une portion du marché public ?

149) Comment s'appelle la somme parfois exigée par le bailleur avant l'occupation des lieux loués ? En matière de procès, le versement d'une provision doit-elle faire penser au gagnant de première instance, au perdant, ou aux deux ? Comment les agents économiques font-ils pour ne pas avoir à bloquer une partie de leurs avoirs comme provision ?

Malheureusement, le chantier aura prématurément pris fin, à la suite la liquidation judiciaire du maître d'œuvre. La banque caution devait-elle remboursé la somme avancée ? La réponse positive n'était pas la bonne ; car en l'occurrence les travaux avaient quand même commencé (Civ. 3ème, 26 février 1992) ([150]).

186. – Le malchanceux maître d'ouvrage devait finalement s'adresser aux instances de la liquidation judiciaire de Novabat pour espérer récupérer les sommes versées d'avance au maitre d'œuvre. Car ces sommes n'auront point eu de contrepartie. Mas l'on devine qu'un tel recours se sera conclu par un échec. Car il y a régulièrement insuffisance de l'actif distribuable aux divers créanciers d'un débiteur en faillite ([151]).

---

150) A combien se montait certainement le chantier pour lequel 10 % (représentant 784.257,05) avaient étaient avancés en acompte ? Pourquoi le banquier qui avait garanti l'acompte initial de 10 % n'a-t-il pas eu à le rembourser à la place du maître d'œuvre tombé en faillite ?

151) Comment appelle-t-on les deux partenaires d'un contrat de construction d'un immeuble ? Qui d'entre le maître d'œuvre et le maître de l'ouvrage est l'entrepreneur chargé de la réalisation de l'immeuble ? En matière de contrat de construction comment est dénommée celle des deux parties à qui reviendra la construction et qui doit en payer le prix ?

## Chapitre 2. – Les redevances et frais dus à un service public

### Section 1. – Le coût d'avantages imaginés gratuits.

#### *§ 1. – L'illégalité des libéralités administratives.*

190. – Une entreprise peut vouloir utiliser le domaine public : une plage ; une place ; un trottoir ; un square ; etc. Mais dans quel but ? Par exemple, en vue d'installer une friterie ou un kiosque à journaux, pour une durée plus ou moins longue. Il pourrait aussi s'agir de bénéficier d'une place (d'un étal) de marché. De même, une société de production peut souhaiter bloquer une rue pour le tournage d'un film. Une semblable occupation du domaine public est également envisageable de la part d'une société productrice de spectacles qui désirerait en présenter sur une place ou bien dans un jardin public ([152]).

191. – Faut-il payer pour de pareilles utilisations de composantes du domaine public ? La réponse positive est donnée par le Code Général de la Propriété des Personnes Publiques (CG3P, Art. L2125-1). Le principe est que : « *Toute occupation ou utilisation du domaine public d'une personne publique [...] donne lieu au paiement d'une redevance sauf lorsque l'occupation ou l'utilisation concerne l'installation par l'État des équipements visant à améliorer la sécurité routière ou nécessaires à la liquidation et au constat des irrégularités de paiement de toute taxe perçue au titre de l'usage du domaine public routier* » ([153]).

---

152) Quelles trois composantes du domaine public pouvez-vous indiquer ? Pour quelle raison, par exemple, pourrait-on vouloir occuper le domaine public ?

153) D'après la loi quelle doit être la contrepartie de toute occupation ou de toute utilisation du domaine public ? Qui pourrait utiliser le domaine public d'autres personnes publiques sans avoir à payer ? Pour quel motif, par exemple, l'État pourrait vouloir occuper (momentanément) le domaine public d'autrui ?

192. – Nul ne saurait échapper à l'obligation de payer la redevance d'occupation du domaine public en s'y installant unilatéralement (sans autorisation). Outre les amendes (de grande voirie), notre occupant sans titre devra en outre verser un rappel de redevances. Comme dit le Conseil d'État : « *le gestionnaire d'une dépendance du domaine public est fondé à réclamer à un occupant sans titre, à raison de la période d'occupation irrégulière, une indemnité compensant les revenus qu'il aurait pu percevoir d'un occupant régulier pendant cette période* » (CE, 15 mars 2017, société Casinotière du Littoral Cannois c/ maire de Cannes) ([154]).

193. – Payer plus qu'il ne faut est une façon indirecte de faire une donation. Or, si cette démarche est envisageable de la part de personnes publics, elle est en revanche interdite aux services publics ; mettre entre eux. Cette interdiction a été précisée dans un procès opposant deux structures gestionnaire d'un service public : le service départemental d'incendie et de secours (SDIS) de l'Hérault et la Chambre de Commerce et de l'Industrie (CCI) de Montpellier. La CCI s'est entendue avec le SDIS de façon que celui-ci assure la sécurité incendie dans un aéroport. Concrètement, six sapeurs-pompiers devaient être mis à disposition. La convention prévoyait qu'en cas de non-renouvellement par l'un ou l'autre des cocontractants, celui-ci devrait une indemnité égale à cinq fois le montant payé pendant l'année précédant le non-renouvellement. C'était une variété de clause de dédit ([155]).

---

154) Comment s'appellent les amendes encourues pour installation sauvage sur le domaine public ? Que faut-il savoir à propos de la redevance si l'on s'est installé clandestinement sur le domaine public ? Comment est qualifiée est occupation du domaine public si elle n'avait pas été préalablement autorisée ?

155) Une clause de dédit est-elle envisage dans un contrat entre deux services publics ? Un service public peut-il (en règle générale) faire une donation à

194. – En l'espèce, c'est la CCI qui avait à verser au SDIS une somme de 5.801.330€. La somme représente les recettes du SDIS si le contrat s'était poursuivi durant les cinq années suivantes. D'après le Conseil d'État, cette somme était manifestement disproportionnée au préjudice causé au SDIS par le non-renouvellement. Il est vrai que cet organisme devait percevoir d'avance et sans rien faire des sommes prévues selon une certaine périodicité et contre mise à disposition de pompiers. C'était apparemment un cadeau. En tous cas, le Conseil d'État l'aura jugé nulle, « *en vertu de l'interdiction faite aux personnes publiques de consentir des libéralités* » (CE, 22 juin 2012, service départemental d'incendie et de secours de l'Hérault c/ CCI de Montpellier) ([156]).

195. – Il n'y a pas que l'État qui peut faire l'économie du paiement de redevances pour l'occupation du domaine public d'autrui. En effet, des exceptions sont également prévues au profit d'autres personnes publiques telles que les régions et les communes. Pourvu que l'occupation autorisée vise la satisfaction d'un besoin d'intérêt général. Étant entendu que plusieurs manifestations et activités d'un service public ne sont pas commandées par l'intérêt général. C'est-à-dire qu'elles ne sont pas forcément commandées par la nécessité de satisfaire un besoin ressenti par une grande partie de la population. Mieux, la gratuité est également admise au profit de quelques personnes privées. En effet, « *l'autorisation d'occupation ou d'utilisation du domaine public peut être délivrée gratuitement aux associations à but non lucratif qui*

---

un autre ? Comment deux services publics règlent-ils leurs difficultés s'ils ne parviennent pas à trouver une solution amiable ?

156) Que faut-il savoir à propos de libéralités entre personnes publiques ? Dans l'affaire jugée par le Conseil d'État, laquelle opposait le CCI de Montpellier au SDIC de l'Hérault, quelle somme environ était en jeu ?

*concourent à la satisfaction d'un intérêt général* » (Cf. art. précité) ([157]).

196. – Le montant à payer par l'occupant du domaine public résulte d'un savant calcul. En tous cas, l'administration compétente tient compte des avantages de toute nature que l'autorisation est censée procurer au demandeur (CG3P, art. L2125-3). Et à moins que son détermination s'y oppose, le paiement doit être annuel. Non seulement, le versement d'acomptes est recommandé, mais en plus, il arrive que la redevance soit exigée d'avance, et peut-être pour une période de cinq ans ([158]).

### *§ 2. – La redevance amoindrie pour un immeuble.*

197. – Des nombreux bâtiments de l'Administration (donc pas tous) font partie du domaine public du service public qui en est propriétaire. Or, une association, un syndicat ou un parti politique, peuvent vouloir utiliser un pareil local d'une commune. La loi admet la mise à disposition de locaux communaux à telles structures (CGCT, art. L. 2144-3). Divers critères sont alors pris en compte lors de la fixation de leur redevance. Le conseil municipal peut d'ailleurs opter pour la gratuité complète. En revanche, la mise à disposition de biens

---

157) Quelle condition est exigée du service public qui veut être dispensé du paiement d'une redevance pour l'occupation du domaine public d'un autre service public ? Comment le droit qualifie-t-il un besoin ressenti par une grande partie de la population ? Quelles deux conditions doit remplir l'association désireuse de ne point payer de redevance d'occupation du domaine public ?

158) Pourquoi ne peut-on dire que le montant de la redevance est fixé arbitrairement ? Quelle est la périodicité normale de paiement de la redevance pour occupation du domaine public ? Est-il concevable que l'Administration perçoive une redevance pour des années qui ne sont pas encore échues ?

mobiliers doit non seulement se faire à titre onéreux, mais aussi à un prix sérieux. Ainsi, un prêt à usage (commodat) de meubles du service public ne peut être réalisée « *ni à titre gratuit, ni à un prix inférieur à la valeur locative* » (art. L. 2222-7 du CG3P) ([159]).

198. – La plus grande facilité de bénéfice d'un local (par rapport à des biens mobiliers, se vérifie dans la relation avec des associations religieuses. Malgré la loi de séparation entre l'église et l'Etat, le code général des collectivités territoriales (art. 1211-2 et s.) leur ouvre droit à des baux emphytéotiques administratifs à un prix modique. Il s'agit d'un bail de très longue durée ; entre 18 et 99 ans. Dans une affaire où la Ville de Paris s'était vu reproché un semble contrat, le Conseil d'État a jugé parfaitement légal « *le versement, par l'emphytéote, d'une redevance qui, eu égard à la nature du contrat et au fait que son titulaire n'exerce aucune activité à but lucratif, ne dépasse pas, en principe, un montant modique* » (CE, 10 février 2017, ville de Paris c/ M. AB) ([160]).

---

159) Qu'est-ce qui, d'entre un bien meuble et un bien immeuble (un local) de la commune pourrait mis gratuitement à la disposition d'une association ? L'occupation d'un local communal par une association peut-elle avoir lieu gratuitement ? Que penser de la mise à disposition temporaire de meubles à un prix symbolique au profit d'une association ?

160) Comment s'appelle le titulaire d'un bail emphytéotique ? Que répondre à une personne soutenant que les baux emphytéotiques durent moins que le mandat municipal, lequel est de six ans ? Que peut-on relever comme particularité financière du bail emphytéotique ?

## Section 2. – Les frais de scolarité et de santé parfois dus

### *§ 1. – La gratuité réaffirmée des frais de scolarité*

200. – La France a la réputation de pratiquer des prélèvements obligatoires trop lourds (cotisations sociales, impôts et taxes). Alors, pour y échapper, certains entrepreneurs déménagent vers l'étranger. Parfois, juste en traversant la frontière (avec l'Espagne, avec la Belgique, avec la Suisse ou avec l'Allemagne). Or, l'entrepreneur ainsi expatrié voudra certainement scolariser ses enfants dans le lycée français situé près de son domicile étranger. Naturellement, un tel lycée fonctionne grâce aux impôts des concitoyens restés au pays, lesquels consentent donc à payer leurs impôts à l'Etat français.

201. – Dès lors, les petits émigrés (dont les parents auront fui les impôts français) bénéficieront-ils d'une scolarité gratuite, ou faudra-t-il qu'ils paient une redevance (frais de scolarité) ? Sachant que c'est contre un paiement que les non-Français font scolariser leurs enfants dans ces lycées. Certes, ils en ont les moyens : ce sont des ministres du pays étranger et des ambassadeurs y représentant leurs pays. Ils s'acquittent volontiers de ces frais, car ils sont convaincus de la valeur de l'enseignement qui y est dispensé. Surtout que, dans un établissement privé (de tout pays) la facture est toujours plus élevée, et parfois pour une prestation pédagogique médiocre.

202. – Avant le mandat présidentiel de Nicolas Sarkozy, même les Français (expatriés) devaient payer. Alors, ce président décida que (comme sur le territoire national) l'enseignement y serait gratuit pour les petits français émigrés. Toutefois, à l'arrivée de François Hollande au pouvoir, cette gratuité systématique a été réaménagée. Dorénavant, les revenus des parents entrent en ligne de compte (dans le calcul des sommes à verser au Trésor public pour la scolarité). La redevance alors

ainsi due aura alors cessé d'être forfaitaire (la même pour tous), pour devenir proportionnelle (individualisée, au cas par cas). A cet égard, les personnels des établissements d'enseignement français à l'étranger bénéficient d'avantages familiaux qui tiennent compte des frais de scolarité payables dans les établissements de référence au sein du pays ou de leur zone d'affectation (art. 4 du décret du 4 janvier).

### *§ 2. – La question des frais hospitaliers des expatriés*

203. – D'un autre côté, le système français de santé a lui aussi la réputation d'être performant et gratuit (ou presque). Dès lors, il est fréquent que les Français émigrés rentrent au pays pour se faire soigner, dès que leur pathologie commence à leur coûter cher (à l'étranger). Même des étrangers viendraient en France pour du tourisme médical. Ayons à l'esprit que l'idéal humaniste des gouvernants de l'Hexagone est : sauver ou soigner toute personne qui s'y trouve malade. Problème : si la santé n'a pas de prix, elle a néanmoins un coût.

204. – Dans ces conditions, autant que faire se peut, les malades qui n'auront pas contribué au financement de la sécurité sociale (grâce à des cotisations) doivent supporter une partie des dépenses nécessitées par leur prise en charge médicale. Dans les hôpitaux, des systèmes de facturation et de recouvrement se mettent progressivement en place, parallèlement à des chambres de luxe pour malades riches. Pour cette raison, de plus en plus de recrutement de personnels y sont opérés (pour l'accueil, le traitement, la facturation et le recouvrement).

205. – Si une journée classique d'hospitalisation revient à 1300 euros environ, le séjour en service de réanimation coûte de 3000 à 5000 €. Par ailleurs, certains médicaments dépassent

la somme de 300.000 euros annuels pour un seul malade. Dans ces conditions, il est souhaitable d'être couvert par une assurance sociale (comme en Europe de l'Ouest) ou par une assurance privée (comme en Amérique du Nord).

206. – L'employeur (voire la famille) pourrait avoir à payer ces dépenses de santé, de façon qu'elles ne restent pas à la charge de la collectivité. Ainsi, le trésorier-payeur général de l'hôpital Necker avait réclamé la somme de 71.111,66 € à la société Centre de gestion pour expatriés et entreprises (CGEE), pour l'hospitalisation de M. D., ressortissant français résidant aux États-Unis d'Amérique. La question s'était concrètement posée de savoir qui devait payer les frais correspondant à ce malade malheureusement décédé.

207. – Selon le Code de la santé publique (art. R. 6145-4), « *dans le cas où les frais de séjour des malades ne sont pas susceptibles d'être pris en charge soit par les services de l'aide médicale, soit par un organisme d'assurance maladie, soit par le ministère des anciens combattants et victimes de guerre ou par tout autre organisme public, les intéressés ou, à défaut, leur famille ou un tiers responsable souscrivent un engagement d'acquitter les frais de toute nature afférents au régime choisi. Ils sont tenus, sauf dans les cas d'urgence, de verser au moment de leur entrée dans l'établissement une provision renouvelable calculée sur la base de la durée estimée du séjour. En cas de sortie avant l'expiration du délai prévu, la fraction dépassant le nombre de jours de présence est restituée* ».

208. – Il se trouve que le défunt avait souscrit (à l'étranger) un contrat d'assurance-santé auprès de la compagnie d'assurance ARTAS. Ce contrat était géré par la société CGEE qui, au moyen de trois documents portant la mention « *attestation de prise en charge* », s'était engagée à acquitter les frais de séjour de l'intéressé. Par conséquent, la société CGEE correspondait

à l'un des débiteurs possibles des frais, au sens du Code de la santé publique.

# Table des matières

## Fin du livret

www.ingramcontent.com/pod-product-compliance
Lightning Source LLC
LaVergne TN
LVHW082233051026
849532LV00012B/3970